УДК 646.2
ББК 37.248
К 83

Серия основана в 1999 году

К 83   Кройка и шитье.— Мн.: Харвест; М.: ООО «Издательство АСТ», 2001.— 160 с.— (На все руки
мастерица).
ISBN 5-17-010697-1.

Содержащиеся в книге рекомендации расскажут о том, как
правильно выбрать ткань, провести примерку и устранить
возможные дефекты кроя.

Предложенные читателю выкройки наиболее распростра-
ненных моделей одежды снабжены подробными комментариями
и, без сомнения, помогут вам обновить гардероб.

УДК 646.2
ББК 37.248

ISBN 5-17-010697-1 (АСТ)
ISBN 985-13-0602-9 (Харвест)

НА ВСЕ РУКИ МАСТЕРИЦА

КРОЙКА И ШИТЬЕ

МИНСК
ХАРВЕСТ
МОСКВА
АСТ
2001

НАЧАЛЬНЫЕ СВЕДЕНИЯ

НЕОБХОДИМЫЙ ИНВЕНТАРЬ

Следует помнить, что правильная организация рабочего места ускорит работу и избавит вас от усталости. Поэтому, прежде чем приступить к раскрою и шитью, еще раз проверьте на месте ли у вас необходимый инвентарь: булавки, иглы, сантиметровая лента, ножницы для вырезания, маленькие ножницы, наперсток, нитки, принадлежности для глаженья, швейная машина.

БУЛАВКИ пригодятся вам для скалывания деталей и перевода линий с одной половины изделия на другую. Лучше всего, если они будут изготовлены из стали. Позаботьтесь о том, чтобы булавки были тонкими, острыми, хорошо отшлифованными. Такие булавки не оставят на ткани заметных следов. Чтобы стальные булавки не ржавели и смогли вам прослужить долго, хранить их следует в коробке с бумажным дном.

ИГЛЫ для ручной работы бывают 12 номеров (чем больше номер, тем игла толще). Выбирать нужные иглы следует исходя из вида ткани: для тонкого материала — тонкие иглы, для более грубого — толстые.

САНТИМЕТРОВАЯ ЛЕНТА нужна для снятия мерок и измерения деталей изделия. Надежнее всего, если она изготовлена из жесткого, прочного материала, например из холста или стекловолокна. Такая лента не изнашивается, не растягивается и дает только правильные результаты.

НОЖНИЦЫ бывают 8 номеров. Большими (номер 1, 2) раскраивают толстые ткани, средними (номер 3, 4, 5) — ткани средней толщины, маленькие (номер 6, 7, 8) предназначены для несложной работы: подрезания деталей и отсекания концов ниток. Ножницы обязательно должны быть острыми по всей длине.

НАПЕРСТОК предназначается для предохранения пальца от укола при проталкивании иглы в ткань. Важно, чтобы он соответствовал размеру вашего пальца, тогда работать иглой вы будете уверенно.

НИТКИ должны соответствовать по цвету и толщине вашему материалу. Чаще всего используют мерсеризованные хлопчатобумажные нитки номер 40 и 50. Если вы собираетесь работать с шерстью или шелком, лучше всего приобрести тонкие и прочные шелковые нитки.

ПРИНАДЛЕЖНОСТИ ДЛЯ ГЛАЖЕНЬЯ являются неотъемлемой частью швейного инвентаря. Важно усвоить, что глаженье ни в коем случае нельзя откладывать до окончания работы. Оно — важная часть всего швейного процесса. Изделие с плохо разглаженными швами и вытачками выглядит неопрятно и наверняка испортит вам настроение.

Для глаженья можно использовать утюг любого вида. Главное — он должен быть чистым. В противном случае ваше изделие тоже загрязнится. Кроме утюга нужны гладильная доска (рис. 1), обтянутая тонким слоем ватина или старым шерстяным одеялом, покрытым чистой простыней, и доска для глаженья рукавов (рис. 2). На ней утюжатся отдельные участки изделия, в особенности рукава.

Включите в принадлежности для глаженья и увлажненный проутюжильник. Им может служить кусок чистого полотна или хотя бы марли. Проутюжильник применяют для утюжки толстых материалов, например шерстяных.

ШВЕЙНУЮ МАШИНУ перед началом работы необходимо проверить на исправность. Заметив даже самую незначительную погрешность, поспешите устранить ее — обратитесь к мастеру. Очень важно содержать машину в чистоте, смазывать специальным машинным маслом и закрывать после окончания работы.

Рис. 1. Гладильная доска

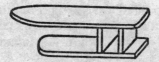

Рис. 2. Доска для глаженья рукавов

НАЗВАНИЕ ОСНОВНЫХ ДЕТАЛЕЙ ИЗДЕЛИЙ И КОНТУРНЫХ ЛИНИЙ ДЕТАЛЕЙ

ПЛЕЧЕВЫЕ изделия — блузки, жакеты, пелерины, платья, халаты и т. д.

ЛИФ — верхняя часть (до линии талии) плечевого изделия.

СПИНКА — задняя деталь изделия.

ПЕРЕД — передняя деталь изделия с разрезом, который не доходит до низа, или без него.

ПОЛОЧКА — передняя деталь изделия с разрезом, который доходит до низа.

ГОРЛОВИНА — вырез для шеи от плечевых срезов до середины переда.

РОСТОК — вырез для шеи от плечевых срезов до середины спинки.

ПРОЙМА — вырез на спинке и переде от плечевых до боковых срезов для соединения рукава с лифом.

ОКАТ — закругленная часть рукава.

ВЫТАЧКА — часть ткани, которая зашивается и придает изделию выпуклую форму.

ЛАЦКАН — отогнутая часть борта (см. борт).

БОРТ — припуск ткани к середине переда для захода и оформления застежки.

ОТЛЕТ ВОРОТНИКА — часть воротника, которая располагается от верхней линии стойки.

ТОЧКА УСТУПА — начало втачивания воротника в горловину.

СЛОНКА — соединение правой и левой половинок брюк или трусов по линии сиденья.

ГУЛЬФИК, ОТКОСОК — детали передних половинок брюк для обработки потайной застежки.

ШЛИЦА — обработанный разрез внизу юбки, пальто.

КУЛИСКА — полоска ткани, настрачиваемая либо с изнанки, либо на лицевую сторону изделия для втягивания резинки.

МЕШКОВИНА — деталь, оформляющая глубину карманов.

ЛИСТОЧКА — деталь кармана, оформляющая нижнюю линию разреза и закрепленная по боковым сторонам.

КЛАПАН — деталь для оформления верхней линии разреза.

ОБТАЧКА — деталь для обработки срезов. Может быть выполнена из основной или отделочной ткани.

КОКЕТКА — верхняя отрезная часть переда, спинки, брюк, юбки.

ЛАСТОВИЦА — деталь из ткани в виде квадрата,

прямоугольника или ромба, втачиваемая в подрез для обеспечения свободного движения.

ТЕРМИНОЛОГИЯ РУЧНЫХ И МАШИННЫХ РАБОТ

СТЕЖКА — постоянное скрепление деталей при помощи стегальных стежков с посадкой одной из деталей.

СМЕТЫВАНИЕ — временное соединение сметочными стежками примерно одинаковых по величине деталей.

ВМЕТЫВАНИЕ — временное соединение срезов деталей с овальными контурами с посадкой или без посадки сметочными стежками (вметывание рукава в пройму).

ВЫМЕТЫВАНИЕ — временное закрепление нитками обтачных краев деталей для сохранения определенной формы (выметывание воротника).

ЗАМЕТЫВАНИЕ — временное закрепление края детали или изделия сметочными стежками (заметывание низа рукавов).

НАМЕТЫВАНИЕ — соединение сметочными стежками двух наложенных одна на другую деталей.

ОБМЕТЫВАНИЕ — предохранение среза детали или края прорези от осыпания.

ПРИМЕТЫВАНИЕ — временное соединение разных по размерам деталей (приметывание подкладки к изделию).

РАЗМЕТЫВАНИЕ — соединение деталей разметочными стежками.

ВТАЧИВАНИЕ — соединение постоянной строчкой деталей с овальными контурами (втачивание воротника в горловину).

ОБТАЧИВАНИЕ — соединение постоянной строчкой деталей для дальнейшего их вывертывания (обтачивание манжет).

7

ПРИТАЧИВАНИЕ — соединение постоянной строчкой разных по размерам и назначению деталей (притачивание обтачек к подкладке кармана).

ЗАСТРАЧИВАНИЕ — закрепление подогнутого края детали, складок, вытачек машинной строчкой (застрачивание низа подкладки изделия).

НАСТРАЧИВАНИЕ — закрепление складок или припусков на шов машинной строчкой (настрачивание швов рукавов).

ПРОСТРАЧИВАНИЕ — прокладывание отделочных строчек по краю изделия или отдельных деталей (прострачивание боковых карманов).

РАССТРАЧИВАНИЕ — закрепление постоянной отделочной строчкой припусков на шов или складки по обеим сторонам (расстрачивание швов рукавов).

ЗАУТЮЖИВАНИЕ — загибание припусков на шов или складки в одну сторону и при помощи утюга закрепление в таком положении (заутюживание низа изделия).

ОТУТЮЖИВАНИЕ — разглаживание утюгом на увлажненной поверхности детали складок, заломов.

ПРИУТЮЖИВАНИЕ — уменьшение с помощью утюга толщины швов, сгибов.

РАЗУТЮЖИВАНИЕ — раскладывание с помощью утюга на обе стороны припусков на шов (разутюживание плечевых швов).

СУТЮЖИВАНИЕ — уменьшение размеров края изделия для получения выпуклой формы, удаление слабины в концах вытачек.

СТАЧИВАНИЕ — соединение машинной строчкой срезов разных деталей (стачивание плечевых срезов).

ПРИШИВАНИЕ — прикрепление к изделию петель, пуговиц, крючков и др.

ПОДШИВАНИЕ — прикрепление потайными стежками подогнутого края детали (подшивание низа изделия).

РАСЧЕТ КОЛИЧЕСТВА МАТЕРИАЛА

Вы пришли в магазин и растерялись: а сколько же ткани надо купить? Конечно, можно взять с запасом, чтоб уж наверняка, но кому приятно тратить лишние деньги? А купить меньше, чем потребуется, и вовсе неприятно — придется менять фасон, о котором вы так мечтали. Чтобы таких проблем не возникло на вашем пути, необходимо учитывать следующее:

— фасон изделия, которое вы решили сшить;

— размер того, кому это изделие будет принадлежать;

— ширину материала;

— расположение рисунка на ткани.

Ширина обычно зависит от вида материала. Например, хлопчатобумажные, шелковые и вискозные материалы чаще всего изготовляют шириной 90 см. Реже встречаются хлопчатобумажные ткани шириной 75 и 120 см. Синтетические и шерстяные материалы обычно продаются шириной 135—140 см.

Допустим, вы решили сшить для начала простенькое платье из ситца, ширина которого 90 см. Для этого нужно приобрести ткань из расчета двойной длины от основания шеи до края подола плюс 15 см для подгиба. В том случае, если ваш фасон предполагает наличие рукавов, необходимо добавить ткани: для коротких втачных рукавов — примерно 45 см, для длинных — 69.

Такие детали, как воротники, карманы, пояса не требуют дополнительной ткани. Их можно вырезать из остатков кроя.

Всегда помните: хорошая мастерица — экономная мастерица.

РАЗРАБОТКА
КОНСТРУКЦИИ ИЗДЕЛИЯ

ИЗМЕРЕНИЕ ФИГУРЫ

Залогом хорошо сшитого изделия является точный крой. А точным крой может быть только в том случае, если все мерки фигуры сняты правильно.

Ошибочно мнение тех, кто считает, что учиться правильно снимать мерки вовсе ни к чему, можно пользоваться выкройками из журналов мод. На самом деле свободно пользоваться модными журналами могут позволить себе только люди с идеально сложенными фигурами. Труднее приходится тем, у кого фигура имеет некоторые отклонения от нормы. В этом случае без умения самостоятельно построить чертеж конструкции на основе измерений фигуры не обойтись.

Снятие мерок — важный и ответственный этап в процессе изготовления одежды. Поэтому тот, с кого снимают мерки, должен стоять спокойно, с опорой на обе ноги, пятки сдвинуты; осанка естественна, без напряжения; руки опущены. Обязательно снять верхнюю одежду и вынуть все содержимое карманов. Мерки снимают поверх платья, но измеряют при этом не платье, а фигуру.

Первым делом следует установить на фигуре главные точки отсчета: линию талии и др. Для этого удобнее всего применять обычную резинку. Можно использовать тонкий пояс или шнурок. Талию туго затягивают, чтобы ее линия отчетливо выделялась.

Измерения делают без натяжения и ослабления сантиметровой ленты. Там, где необходимо, припуски предусматривают в выкройках. Длину плеча, руки и др. следует производить по правой стороне фигуры. В случае несимметричности фигуры измеряют обе стороны.

Для построения чертежа и изготовления выкройки нужны следующие измерения:

Р — рост;
О — полный обхват;
С — полуобхват;
Ш — ширина;
Д — длина, расстояние;
В — высота;
Ц — расстояние между центрами.

Обхваты и ширину измеряют полностью, но записывают их половинные величины (кроме обхватов плеча, запястья, кисти; ширины плечевого ската).

Измерения длины записывают полностью.

Основные мерки должны сниматься в строгой последовательности, указанной в таблице, чтобы избежать лишних движений и перемещений фигуры. На рис. 3 показаны основные и дополнительные измерения женской фигуры.

Полуобхват шеи (Сш) измеряют по основанию шеи: начиная сзади над остистым отростком седьмого позвонка и кончая спереди над яремной выемкой.

Полуобхват груди первый (СгI) измеряют следующим образом: сантиметровая лента проходит со стороны спины горизонтально, касаясь верхним краем ленты задних углов подмышечных впадин, спереди — над основанием грудных желез.

Полуобхват груди второй (СгII). Сантиметровая лента должна проходить вокруг туловища, касаясь верхним краем ленты задних углов подмышечных впадин, спереди — по выступающим точкам грудных желез.

При измерении фигур с низко опущенными грудными железами сантиметровую ленту спереди необходимо располагать горизонтально с учетом припуска на выступ груди.

Измерения типовых фигур женщин

Номер измерений	Наименование мерок	Условное обозначение
Основные измерения		
1	Полуобхват шеи	Сш
2	Полуобхват груди I	СгI
3	Полуобхват груди II	СгII
4	Полуобхват груди III	СгIII
5	Полуобхват талии	Ст
6	Полуобхват бедер	Сб
7	Ширина груди	Шг
8	Длина спины до линии талии	Дтс
9	Длина переда до линии талии	Дтп
10	Высота груди	Вг
11	Центр груди	Цг
12	Высота плеча косая	Впк
13	Ширина спины	Шс
14	Ширина плеча	Шп
15	Длина рукава	Др
16	Обхват плеча	Оп
17	Обхват запястья	Озап
18	Длина изделия (юбки)	Ди (Дю)
Дополнительные измерения		
19	Ширина груди II	ШгII
20	Длина спины от основания шеи до линии талии I	ДтсI
21	Высота проймы сзади	Впрсз
22	Расстояние от линии талии до пола спереди	Дсп
23	То же, сбоку	Дсб
24	То же, сзади	Дсз

Полуобхват груди третий (СгIII). Лента накладывается горизонтально вокруг туловища через выступающие точки грудных желез и замыкается на правой стороне груди. Именно этой меркой определяется размер изделия в промышленности и торговой сети.

Полуобхват талии (Ст). Лента накладывается горизонтально вокруг туловища по линии талии.

Полуобхват бедер (Сб). Измеряют по горизонтали по наиболее выступающим точкам ягодиц, спереди — с учетом выступа живота.

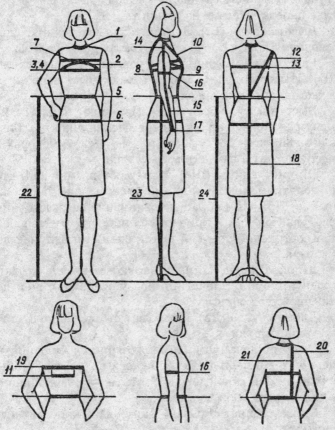

Рис. 3. Измерения женской фигуры

Ширина груди первая (Шг). Измеряют по горизонтали над основанием грудных желез между вертикалями, мысленно проведенными вверх от передних углов подмышечных впадин.

Длина спины до талии (Дтс). Измеряют от линии талии до высшей точки проектируемого шва у основания шеи.

Длина переда до талии (Дтп). Лента, приложенная к точке основания шеи у плеча, проходит через выступающую точку грудной железы параллельно середине переда к тесьме на линии талии.

Высота груди (Вг). Лента накладывается от точки основания шеи у плеча до центра грудной железы.

Расстояние между выступающими точками груди (Цг). Измеряют по прямой между выступающими точками грудных желез.

Высота плеча косая (Впк). Измеряют по кратчайшему расстоянию от точки пересечения линии талии с позвоночником до плечевой точки (сантиметровую ленту держат в натянутом состоянии).

Ширина спины (Шс). Измеряют по горизонтали по лопаткам между задними углами подмышечных впадин. При этом обращают внимание на расстояние выступа лопаток и кривизну спины, что учитывают при построении средней линии спинки и вытачек на лопатки.

Ширина плеча (Шп). Измеряют от высшей точки проектируемого плечевого шва у основания шеи до конечной его точки.

Длина рукава (Др). Измеряют от плечевого сустава до кисти руки.

Обхват плеча (Оп). Измеряют при свободно опущенной руке перпендикулярно оси плеча так, чтобы верхний край сантиметровой ленты касался заднего угла подмышечной впадины.

Обхват запястья (Озап). Измеряют по основанию кисти руки.

Длина изделия (Ди). Измеряют посередине спины от линии втачивания воротника до уровня желаемой длины. Так же измеряют и длину юбки (Дю), но только от линии талии.

Ширина груди вторая (ШгII). Измеряют по горизонтали через выступающие точки грудных желез до вертикалей, мысленно проведенных вниз от передних углов подмышечных впадин.

Длина спины от основания шеи до линии талии I (ДтсI). Измеряют вертикально параллельно позвоночнику (на 7—8 см от него) через выступающие точки лопаток до высшей точки проектируемого плечевого шва у основания шеи.

Высота проймы сзади (Впрсз). Измеряют от шейной точки до горизонтали, проходящей на уровне нижних углов подмышечных впадин.

Расстояние от линии талии до пола спереди (Дсп). Измеряют вертикально от линии талии через высшую точку живота до желаемого уровня.

Расстояние от линии талии до пола сбоку (Дсб). Измеряют вертикально по боку от талии до желаемого уровня.

Расстояние от линии талии до пола сзади (Дсз). Измеряют от линии талии по выступающей части ягодиц до желаемого уровня.

ПРИБАВКИ НА СВОБОДНОЕ ОБЛЕГАНИЕ

Между размерами тела человека и размерами его одежды всегда есть разница. И дело здесь не только в удобстве одежды. Пространство между телом и одеждой играет еще теплоизоляционную роль, обеспечивает свободу дыхания, кровообращения и создает определенный силуэт изделия.

Тот, кто собирается заняться конструированием одежды, обязательно должен знать о существовании прибавки на свободное облегание. А это есть разница между внутренними размерами одежды и размерами тела человека.

Прибавка — величина непостоянная. Она изменяется в зависимости от направления моды, от свойств материала и назначения одежды. Величина припусков устанавливается также в зависимости от размера, роста, покроя изделия и возрастной группы. При построении чертежа конструкции припуски дают к ширине всего изделия:

на уровне груди — Пг;

на уровне талии — Пт;

на уровне бедер — Пб;

к участкам (деталям) конструкции:

ширине спинки — часть общей прибавки по линии груди (от Пг);

ширине полочки (переда) — часть общей прибавки по линии груди (от Пг);

длине спины до талии — Пдтс;

глубине (свободе) проймы — Пспр;

ширине горловины — Пшгор;

высоте горловины спинки — Пвгс;

обхвату плеча — Поп.

Наиболее оптимальное распределение прибавок в процентном соотношении следующее: на ширину спинки — 25—30 %, на ширину переда — 10—20 %, на ширину проймы — 50—65 %.

При изготовлении платья одного и того же силуэта из различных тканей меньшие припуски берут для тонких, но неразреженных тканей, средние — для материалов средней толщины и большие — для толстых.

Для того, чтобы силуэт изделия на фигурах различных ростов и размеров казался примерно одним и тем же, средний припуск Пг необходимо увеличить на 0,5 см для фигур небольших размеров и высоких и настолько же уменьшить для фигур меньших ростов, но больших размеров.

Прибавки на складки, сборки, защипы, буфы и другие декоративные элементы не относятся к прибавкам на свободное облегание и учитываются при разработке модели на основном чертеже выкройки. А вот припуски к длине спинки и переда до линии талии, к пройме по глубине, к горловине спинки и переда учитывать необходимо.

Припуски по линии талии в зависимости от силуэта

Прилегающий	$(0,4—0,6)$Пг
Полуприлегающий	$(0,6—1)$Пг
Прямой	Диктуется модой
Трапециевидный	То же
Свободный	На усмотрение

Припуски по линии бедер в зависимости от силуэта

Прилегающий	$(0,2—0,5)$Пг
Полуприлегающий	$(0,4—0,6)$Пг
Прямой	Диктуется модой
Трапециевидный	То же
Свободный	На усмотрение

Припуски по участкам, см

К длине спинки до линии талии Пдтс	0—1,0
На свободу проймы по глубине Пспр	1,5—2,5
К ширине горловины Пшгор	0,5—1,0
К глубине горловины переда Пгор	По модели
К высоте горловины спинки Пвгор	По модели

Припуски к обхвату плеча в зависимости от формы рукава платья, см

Плотно облегающий	2—4
Узкий	4,5—6
Средний	6—7,5
Расширенный	8—9,5
Широкий	10—11,5

ВЫБОР ТКАНИ

Выбирая ткань, помните, что одежда должна быть подходящей как для того, кто ее носит, так и для конкретного случая. Например, в выходном платье вы не станете заниматься домашним хозяйством или ходить по магазинам. Не пойдете, разумеется, вы в гости в старом, поношенном платье. Для этого случая у вас найдется нарядная одежда.

Не забывайте, что хорошо выбранный фасон должен подчеркивать достоинства фигуры и в то же время скрывать ее недостатки. Для полных людей невысокого роста ни в коем случае нельзя выбирать материал с поперечными линиями. В таком платье они будут выглядеть еще ниже и тучнее. Больше всего для полных людей невысокого роста подходят платья с длинными швами от плечевого среза до самого подола, а так же ткани с продольными полосами. Для высокой худощавой фигуры, наоборот, подходят ткани с поперечными линиями, модели, осложненные оборками, складками, кокетками и другими элементами.

Важно учитывать при выборе ткани ее соответствие задуманному фасону. Руководствоваться в этом случае нужно следующим правилом: богатому по фактуре или рисунку материалу подходит наиболее простой фасон. И наоборот, чем проще выбранная вами ткань, тем сложнее должен быть фасон платья.

Ткань с крупным рисунком больше подходит высоким людям, изделие из материала с очень мелким рисунком подойдет людям полным или невысокого роста.

Выгодно носить полным людям ткани темных цветов, яркие и светлые тона больше подходят худощавым. Кроме того, имейте в виду, что яркие цвета всегда привлекают внимание. Одежду из материалов спокойных тонов носить легче, она не бросается в глаза.

СЕТКА ЧЕРТЕЖА

Чертеж любого вида изделия наносится на сетку, линии которой соответствуют основным линиям фигуры: линия шеи на сетке соответствует основанию шеи на фигуре, линия груди — выступающей части груди, линия талии — талии фигуры, линия бедер — выступающей части бедер, линия низа — заданному положению низа изделия на фигуре, линия середины переда и спинки — середине спины и середине переда в фигуре. Положение линий сетки определяется по снятым меркам с учетом прибавок на свободное облегание.

ПОЛУЧЕНИЕ ВЫКРОЙКИ ИЗ ЧЕРТЕЖА

Перед вами лежит готовый чертеж. Тут же браться за вырезание по нему выкройки не стоит — вдруг во время примерки будут замечены неточности.

Чтобы не возникло никаких осложнений, контуры выкройки спинки, переда, линии талий и бедер переносятся с чертежа на подложенный под него лист бумаги с помощью резца.

На выкройках, которые вырезали из бумаги, следует уточнить сопряжение плечевых и боковых срезов у проймы и горловины и ростка. Первым делом одна на другую по боковым и плечевым срезам накладываются выкройки переда и спинки. Затем делаются надсечки по линии талии. При раскрое они отмечаются на ткани контрольными точками. Функция точек — контролировать совмещение деталей изделия при шитье.

ПОДГОТОВКА МАТЕРИАЛА К РАСКРОЮ

В ткани выделяют поперечные нити — уток и продольные нити — основа (рис. 4).

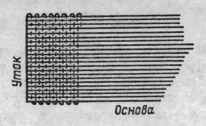

Рис. 4. Структура ткани

В долевом направлении ткань почти не растягивается; в поперечном — пружинит; в косом — сильно растягивается. Все это необходимо учитывать при раскрое материала и обработке отдельных деталей.

ИСПЫТАНИЕ ТКАНИ НА УСАДКУ

Представьте себе, что сшитое по вашему размеру платье после первой стирки вдруг стало вам мало. Сразу столько неприятностей: выброшенные на ветер деньги, потраченное время, и самое главное — разочарование от того, что обновки, в которой вы успели покрасоваться перед зеркалом, у вас больше нет. Тому, с кем могло случиться подобное, не позавидуешь, не правда ли? А ведь все это случилось только потому, что перед раскроем забыли проверить ткань на усадку. Во избежание таких неприятностей сделайте следующее: обозначьте мелом квадрат материала примерно 15×15 см. После чего смочите его водой, накройте проутюжильником и прогладьте до полного высыхания. Затем снова измерьте. В том случае, если сторона намеченного квадрата уменьшилась более чем на 3 мм, намочите водой все полотно и прогладьте его до высыхания. Таким способом удобно проверять шерстяные и некоторые хлопчатобумажные ткани.

Другим же тканям, например, крепу, данный способ не рекомендуется в связи с тем, что вода оставляет на них следы. Нужно предварительно отрезать небольшой кусочек от всей ткани и проверить его.

Прежде чем начать кроить, необходимо тщательно подровнять края материала. Проще всего это сделать, выдернув одну нить возле линии отреза. Бахрому и материал вдоль этой нити следует обрезать.

Если на ткани имеются морщины или складки, нужно обязательно разгладить их утюгом. Дефекты (пятна, вытянутые нити, дырки и др.) нужно наметить булавками или обвести мелом, чтобы при раскладке выкроек и раскрое они не попали на готовое изделие.

Некоторые материалы (синтетические) почти невозможно хорошо отгладить. В этом случае не обойтись без влажного проутюжильника. Следует помнить, что утюг нельзя нагревать сразу слишком сильно: при высокой температуре многие ткани деформируются. Разгладить их после этого невозможно. Подойдет ли данная температура вашей ткани, лучше всего пробовать на маленьком участке материала.

При раскрое ткань нужно складывать лицевой стороной вниз во избежание различного рода загрязнений.

ОПРЕДЕЛЕНИЕ ЛИЦЕВОЙ СТОРОНЫ ТКАНИ

Иногда бывают сомнения насчет лицевой и изнаночной сторон материала. Это касается гладкокрашеных тканей. Чтобы не ошибиться, нужно знать, что любая ткань состоит из двух взаимно перпендикулярных переплетающихся систем нитей: основы (нити, идущие вдоль ткани) и утка (нити, расположенные поперек ткани).

Самыми распространенными являются ткани с полотняным переплетением. В таком переплетении каждая нить утка переплетается с нитями основы поочередно, через одну (рис. 5 а). На первый взгляд, две стороны ткани с полотняным переплетением одинаковы. Однако, внимательно присмотревшись, на одной из сторон можно обнаружить больше ворсинок, узелков. Эту сторону принято считать изнаночной. Другую, более гладкую — лицевой.

К тканям с полотняным переплетением относятся ситцы, бязи, бельевые ткани, полотно, некоторые шерстяные плательные ткани, а так же ткани из натурального и искусственного шелка.

Лицевая сторона тканей саржевого переплетения та, на которой полоски, если смотреть вдоль основы, поднимаются слева вверх направо (рис. 5 б).

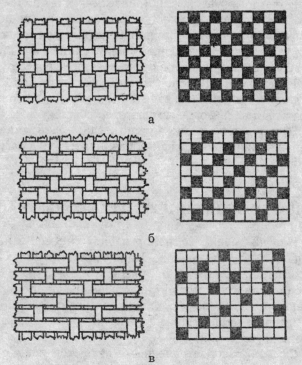

а

б

в

Рис. 5. Виды переплетений ткани:
а — полотняное переплетение; б — саржевое
переплетение; в — сатиновое или атласное переплетение

Суть сатинового или атласного переплетения (рис. 5 в) заключается в том, что одна нить утка (для сатинов) перекрывает от четырех до восьми нитей основы или одна нить основы (для атласов) — от четырех до восьми нитей утка. В результате этого лицевая сторона этих тканей выглядит гладкой и блестящей, чем резко отличается от изнаночной.

РАСКЛАДКА ВЫКРОЕК НА ТКАНИ

Ткань с направленным рисунком, начесом, ворсом

Внимательно присмотревшись к рисунку на своей ткани, вы сможете безошибочно определить, направлен он в одну сторону (рис. 6 а) или в обе (рис. 6 б). В случае направленного рисунка материал кроят таким образом, чтобы рисунок был обращен в одну сторону снизу вверх (рис. 6 а). Точно так же раскладывают выкройку и на тканях с начесом или ворсом.

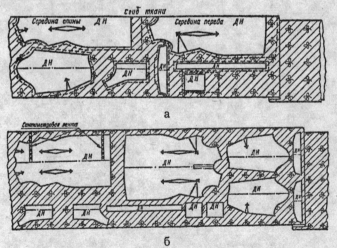

Рис. 6. Раскладка выкроек на ткани с направленным рисунком: а — рисунок направлен в одну сторону; б — рисунок направлен в обе стороны

Несмотря на простоту рисунка, раскладывать выкройки на материалах в полоску и клетку нужно очень внимательно. Дело в том, что на разных деталях полоска и клетка должны совпадать (рис. 7). В противном случае изделие будет выглядеть несимметрично. Для того чтобы полоска и клетка совпали, материал

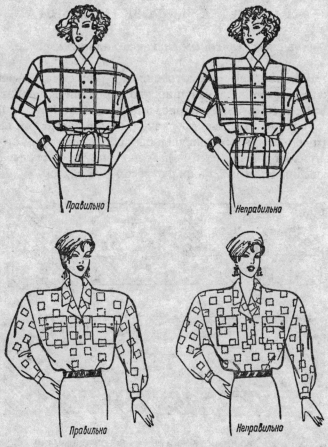

Рис. 7. Раскладка выкроек на ткани в полоску и клетку

нужно сложить. Затем аккуратно наметить все детали изделия, следя при этом, чтобы направление нитей на верхней и нижней половинах ткани точно совпадало.

РАСКРОЙ ТКАНИ

Раскрой ткани лучше всего производить на большом столе. Но если такого у вас нет, кроите прямо на полу, предварительно вымыв его и покрыв бумагой. Первым делом ткань аккуратно и ровно сложите. Затем положите на нее выкройки. Раскладка выкроек на ткани начинается с крупных деталей — спинки, переда, рукавов. Между ними, в выпадах, располагаются мелкие детали — воротники, манжеты, подборта, карманы, обтачки и др.

Когда все детали выкройки разложены на как можно меньшей площади материала, аккуратно приколите выкройки к материалу булавками в двух-трех местах и обведите тонкозаточенным мелом или сухим мылом по контуру сплошной линией; припуски на швы отмечаются пунктирной линией. Когда все линии отмечены, выкройки снимите. Резать следует по пунктирным линиям.

Кроить материал рекомендуется острыми ножницами для вырезания. Надрезы нужно стараться делать как можно длиннее и ровнее. Ни в коем случае не поднимайте со стола во время раскроя ткань или выкройку. В первую очередь следует вырезать наиболее крупные детали.

РАЗМЕТКА КРОЯ

Не торопитесь снимать выкройку с ткани после того, как вы обвели ее мелом. Прежде следует отметить места расположения вытачек, складок, контрольных разметок, наметить линии середины переда и спинки, места расположения карманов и припуски на свободное облегание.

Материал обычно размечают с помощью нитки и портновского мелка (специальный твердый мел). В отличие от школьного мела, который легко крошится и быстро сдувается, линии, проведенные портновским мелком, долго держатся и при необходимости легко удаляются с ткани.

Разметить крой портновским мелком очень просто. Первым делом нужно наметить все необходимые элементы. Затем каждую точку, отмеченную мелом, прокалывают булавкой через двойной слой материала. После этого ткань переворачивают на другую сторону и мелком по булавкам размечают ее. Только после этого с материала можно снять булавки и выкройку.

Разметить крой можно так же и при помощи оселков. Для этого в иголку продевают нитку. Затем прокалывают на выкройке одно из тех мест, где нужно сделать отметку на ткани. Далее нитку продевают насквозь так, чтобы высвободился длинный конец. После этого еще раз продевают в том же месте так, чтобы получилась длинная петля (рис. 8 а). Потом нужно высвободить еще один длинный конец и только тогда обрезать нитку. Закончив таким образом разметку, удаляют булавки и аккуратно снимают выкройку. Нитку обрезают возле самой выкройки. Сложенную вдвое ткань раздвигают и разрезают нитку таким образом, чтобы и на одной и на другой стороне ткани разметка сохранилась.

Третий способ, которым можно разметить крой, — выметывание деталей. В этом случае на одной из сторон ткани сначала выметывают по выкройке все необходимые срезы (рис. 8 б). Затем по наметке вкалывают булавки, размечая другую сторону материала. Аккуратно перевернув ткань на другую сторону, выметывают по булавкам срезы на второй стороне ткани.

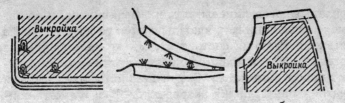

Рис. 8. Способы разметки кроя:
а — при помощи оселков; б — выметыванием

ВИДЫ РУЧНЫХ СТЕЖКОВ,
ИХ ПРИМЕНЕНИЕ И ВЫПОЛНЕНИЕ

Стежок — переплетение швейных ниток между двумя проколами иглы. Ряд стежков образуют строчку или шов. Одни стежки выполняются вручную, другие при помощи швейных машин. Рассмотрим виды ручных стежков.

Сметочные стежки (рис. 9) применяются в основном для временного соединения деталей и для образования сборок. Кроме того, этими стежками могут намечаться на материале контурные линии деталей и контрольные метки.

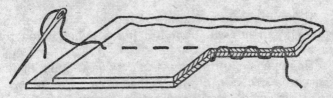

Рис. 9. Сметочные стежки

Длина сметочных стежков колеблется от 0,2 до 5 см и устанавливается с учетом особенностей ткани и вида работы.

Копировальные стежки — «силки» (рис. 10) используют для перевода контуров деталей на другой слой ткани, симметричный первому. Детали при этом складываются лицевыми сторонами внутрь, и по намеченным линиям прокладываются те же сметочные стежки. Разница состоит в том, что копировальные стежки не затягиваются, нитки в этом случае образуют небольшие петли. Затем детали раздвигаются, и натянувшиеся нитки разрезаются. В результате контур выкройки получается сразу на обеих сторонах или обеих деталях.

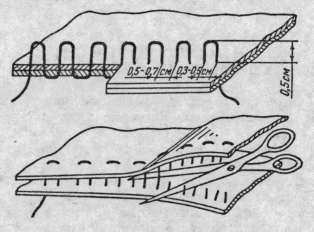

Рис. 10. Копировальные стежки

Подшивочные стежки применяются для подшивания края детали изделия (низа юбки, низа рукава).

Подшивочными потайными стежками (рис. 11) называются стежки, которые невидимы ни с лицевой, ни с изнаночной стороны. Техника выполнения потайных стежков следующая: нитка проходит на длине 0,5 см внутри подгиба обрезного края на расстоянии 0,2—0,3 см от линий сгиба. После чего она выводится наружу, захватывает одну-две нитки основного слоя ткани на половину его толщины так, чтобы стежки не были заметны с лицевой стороны. Далее повторяется то же самое.

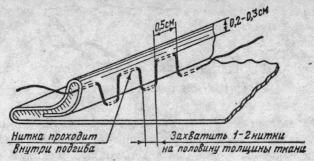

Рис. 11. Подшивочные потайные стежки

Крестообразные стежки (рис. 12). Этот стежок используют как декоративный, для подшивания необработанных краев (толстых материалов, трикотажа), а так же для закрепления и отделки швов.

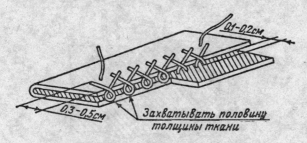

Рис. 12. Крестообразные стежки

Строчку прокладывают слева направо, а проколы иглы делают справа налево, чередуя их по основной ткани и по подогнутому краю. При этом, чтобы стежки не были заметны с лицевой стороны, основную ткань прокалывают не насквозь, а захватывая только половину ее толщины.

Обметочные косые стежки (рис. 13) предохраняют срезы деталей от осыпания. Прокладывают обметочные косые стежки слева направо, огибая срезы.

Рис. 13. Обметочные косые стежки

Петельные стежки (рис. 14) применяются для обметывания срезов и обработки петель. Они могут быть использованы также как декоративные. Техника исполнения петельных стежков следующая: иглу вводят в ткань снизу на незначительном расстоянии от срезов; затем нитку, которая идет от ушка, накидывают на конец иглы слева направо. Образовавшуюся петлю затягивают.

Рис. 14. Петельные стежки

МАШИННЫЕ ШВЫ И ИХ НАЗНАЧЕНИЕ

Машинные швы по своему назначению подразделяют на соединительные, краевые и декоративно-отделочные. Соединительные швы служат для скрепления отдельных деталей изделия, краевые — для обработки краев и срезов и предохранения их от осыпания, декоративно-отделочные — для художественного оформления изделия.

Стачной шов (рис. 15). Это самый распространенный шов. Он применяется для соединения двух или нескольких слоев ткани (стачивание боковых срезов, втачивание в проймы рукавов, соединение лифа с юбкой). Ширина шва (расстояние от края детали до строчки) зависит от свойства ткани и назначения шва.

Выполняя стачной шов, детали складывают лицевыми сторонами внутрь, выравнивают срезы, сметывают и соединяют машинной строчкой (рис. 15 а). После удаления наметки шов либо разутюживают в разные стороны (рис. 15 б), либо отгибают и заутюживают в одну сторону (рис. 15 в).

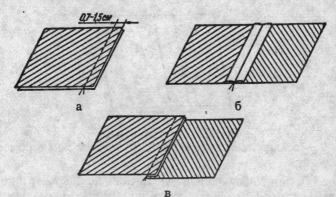

Рис. 15. Последовательность выполнения стачного шва

Обтачной шов (рис. 16) является разновидностью стачного шва. Этот шов применяют при обработке воротников, бортов, клапанов карманов и др.

Рис. 16. Обтачной шов

Техника выполнения обтачного шва: две детали складываются лицевыми сторонами внутрь срез к срезу и соединяются стачным швом. После этого соединенные детали выворачивают на лицевую сторону и выметывают так, чтобы из одной детали образовался кант шириной 0,1—0,2 см или чтобы шов расположился точно на сгибе. Ширина обтачного шва зависит от обрабатываемых деталей и от структуры ткани. При обтачивании бортов и воротника из неосыпающихся тканей эта ширина равна 0,3—0,5 см, а из осыпающихся — 0,4—0,7 см.

Расстрочной шов (рис. 17) является разновидностью стачного шва. Состоит из трех строчек: одной соединительной и двух отделочных.

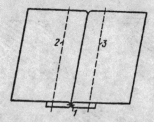

Рис. 17. Расстрочной шов:
1 — соединительная строчка; 2, 3 — отделочные строчки

Техника выполнения: две детали складывают лицевыми сторонами внутрь, уравнивают срезы и соединяют стачным швом. После этого шов разутюживают. Затем по лицевой стороне прокладывают параллельно стачному шву с двух сторон отделочные строчки.

Настрочной шов (рис. 18). Им пришивают кокетки и другие детали. Выполняется двумя строчками: соединительной и соединительно-отделочной. Настрочной шов бывает двух видов: с двумя и одним открытым срезом. В первом случае две детали складывают лицевыми сторонами внутрь; срезы подравнивают и соединяют стачным швом, равным ширине отделочной строчки плюс 1—1,5 см. Шов заутюживают. С лицевой стороны прокладывается отделочная строчка нужной ширины.

Накладной шов (рис. 19) используется при работе с плотными материалами для изготовления пальто и юбок, а так же в декоративных целях как рельефный шов (например, средний шов спинки на пальто).

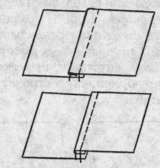

Рис. 18. Настрочной шов

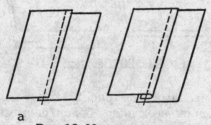

а   б

Рис. 19. Накладной шов:
а — с открытыми срезами; б — с одним подогнутым срезом

Техника шва следующая: совмещают лицевые стороны деталей. Скалывают булавками, сметывают и прострачивают шов шириной 19 мм. Затем удаляют наметку и заутюживают оба среза в одну сторону. После этого обрезают нижний срез (его ширина должна составлять лишь 6 мм). Другой срез прикалывают булавками и приметывают к изделию так, чтобы он накрывал нижний срез. Поворачивают изделие лицевой стороной и прокладывают строчку на расстоянии около 13 мм от первой.

Двойной шов (рис. 20) используют при изготовлении блуз из шелковых прозрачных тканей и любых изделий их тонких хлопчатобумажных материалов, а также некоторых видов постельного белья (пододеяльников, наволочек). Выполняют двойной шов следующим образом: детали складывают изнаночной стороной внутрь, соединяемые срезы уравнивают и на расстоянии 0,3—0,4 см от них прокладывают машинную строчку. По этой строчке обе детали перегибают лицевыми сторонами внутрь, и, проутюжив шов, прокладывают вторую машинную строчку на расстоянии 0,5—0,7 см от сгиба.

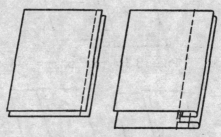

Рис. 20. Двойной шов

Запошивочный шов (рис. 21). Этот шов применяют при пошиве всех видов белья, спортивной и производственной одежды. Запошивочный шов отличается большой прочностью. Существует два способа выполнения этого шва.

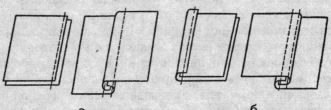

а   б
Рис. 21. Запошивочный шов:
а — первый способ; б — второй способ

Первый способ (рис. 21 а). Техника выполнения: две детали складывают лицевыми сторонами внутрь так, чтобы срез нижней детали выступал за срез верхней на 0,5—0,7 см, и стачивают на расстоянии 0,2—0,3 см от среза верхней детали. Затем шов выправляют — детали раскладывают по обе стороны шва, чтобы на лицевой стороне не получилось складки. Большим срезом оборачивают меньший, шов отгибают в сторону меньшего среза и пристрачивают к изделию швом шириной 0,1 см.

Второй способ (рис. 21 б). Техника выполнения: детали складываются так же, как в первом случае. Нижним выступающим срезом оборачивают верхний и прокладывают строчку на расстоянии 0,1—0,2 см от среза. Шов расправляют, отгибая на деталь так, чтобы срез оказался внутри, и прострачивают по изнанке швом шириной 0,1 см или по лицевой стороне на расстоянии 0,3—0,4 см от первой строчки.

Накладной шов с закрытым срезом (рис. 22) часто используют при соединении деталей с фигурными срезами (например, при соединении фигурной кокетки с присборенной полочкой). При выполнении накладного шва с закрытым срезом край верхней детали заутюживают или заметывают и приутюживают. На нижнюю деталь в это время наносят линию мелом. Подогнутый край верхней детали укладывают по проведенной мелом линии и прострачивают строчку на расстоянии 0,5—0,7 см от нее.

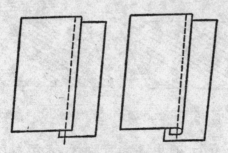

Рис. 22. Накладной шов

Краевые швы применяются для обработки краев деталей и предохранения их срезов от осыпания. К краевым швам относятся следующие: шов вподгибку, окантовочный, обтачной.

Шов вподгибку используют для обработки краев бортов, низа пальто, платья, юбки и др. Он может быть с открытым (рис. 23) и закрытым (рис. 24) срезами. С открытым срезом применяется для застрачивания низа пальто, внутренних краев подбортов, боковых и плечевых швов и др. Техника выполнения: срез детали подгибают наизнанку на 0,7—1 см и застрачивают; строчку прокладывают на расстоянии 0,2—0,3 см от сгиба нитками такого же цвета, как и сама ткань.

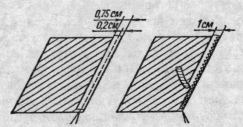

Рис. 23. Шов вподгибку с открытым срезом

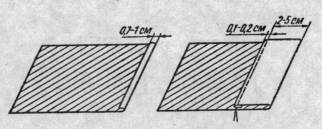

Рис. 24. Шов вподгибку с закрытым срезом

Швом вподгибку с закрытым срезом застрачивают низ изделия, низ подкладки, низ рукавов и т. д. При выполнении шва вподгибку срез детали подгибают два раза, а затем прокладывают строчку на расстоянии 0,1—0,2 см от внутреннего сгиба, прошивая три слоя ткани.

Окантовочный шов применяется при обработке срезов деталей изделий из легкоосыпающихся тканей и деталей изделий без подкладки (внутренние края подбортов, низ изделия, проймы и т. д.). Он выполняется с одним открытым или с закрытыми срезами окантовочной полоской и тесьмой.

Окантовочный шов, выполненный двойной обтачкой (рис. 25). Берут обтачку шириной 4—5 см, складывают вдвое вдоль изнанки внутрь, приутюживают, прикладывают к лицевой стороне основной детали срез к срезу и притачивают швом, равным по ширине 0,3—0,5 см. Сшитые срезы обворачивают обтачкой, приметывают и пристрачивают с лицевой стороны в шов притачивания.

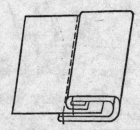

Рис. 25. Обработка края детали двойной обтачкой

Окантовочный шов, выполненный одинарной обтачкой (рис. 26). Берут обтачку шириной 2,5—3 см, прикладывают лицом к лицу к детали срез к срезу, приметывают и притачивают швом, ширина которого примерно 0,3—0,5 см. Затем складывают так, чтобы непришитый край обтачки был на уровне строчки детали. После этого сшитые срезы обворачивают обтачкой, обтачку приметывают и пристрачивают по лицевой стороне в шов притачивания.

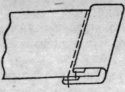

Рис. 26. Обработка края детали одинарной обтачкой

Окантовочный шов с открытым срезом (рис. 27). Из подкладочной ткани в тон изделия выкраивают по косой или поперечной нити обтачку шириной 2—2,5 см, приметывают ее с лицевой стороны к детали срез к срезу и притачивают швом, примерно равным по ширине 0,3—0,5 см. После этого срезы обворачивают обтачкой, обтачку приметывают и пристрачивают с лицевой стороны в шов притачивания. Второй срез обтачки остается открытым.

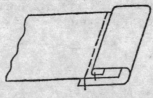

Рис. 27. Окантовка срезов на изнанке изделия

Кант между деталями (рис. 28). Берут полоску шириной 2—3 см, выкроенную из отделочной ткани по косой или поперечной нити, складывают вдвое вдоль срезов, приутюживают и приметывают к верхней детали, подравнивая при этом срезы. Полоску притачивают на расстоянии от сгиба на нужную ширину канта. Затем берут вторую деталь и складывают с первой срез к срезу лицевыми сторонами внутрь, приметывают и пристрачивают по шву притачивания полоски.

Одинарный кант в край обтачки. Берут обтачку, пристрачивают ее к срезу детали с изнаночной стороны и отгибают на лицевую сторону. Затем выкроенную для канта по косой нити полоску шириной 2—3 см сметывают с обтачкой срез к срезу и пристрачивают.

Лицевые стороны обтачки и детали должны находиться внутри. После этого срезы и полоски и обтачки обворачивают полоской и приметывают. Таким образом окантованный срез обтачки приметывают к детали и пристрачивают в шов притачивания канта либо же на расстоянии 0,1 см от шва.

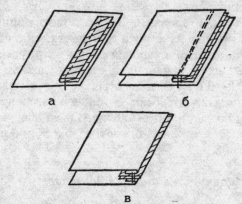

Рис. 28. Кант между деталями:
а — притачивание канта к детали; б — соединение
со второй деталью; в — обработанные срезы

Двойной кант в край обтачки. Берут обтачку, пристрачивают ее с изнаночной стороны к срезу детали. Затем отгибают на лицевую сторону. Предварительно приготовленную для канта полоску ткани, выкроенную по косой нити, сметывают с обтачкой срез к срезу так, чтобы лицевые стороны детали и полоски находились внутри, и пристрачивают. Срезы полоски и обтачки обворачивают полоской и приметывают. Окантованный теперь уже срез обтачки приметывают к детали и пристрачивают в шов притачивания канта.

ОБРАБОТКА КРАЯ ДЕТАЛИ КАНТОМ

С открытыми срезами. Берут выкроенную для канта по косой линии полоску шириной 3—3,5 см, складывают ее вдоль лицевой стороной вверх вдвое, приутюживают. После чего прикладывают ее к лицевой стороне детали срез к срезу, приметывают и пристрачивают. Срезы выравнивают и обметывают. Затем отгибают на изнанку детали и приутюживают с лицевой стороны. Наконец прокладывают закрепляющую строчку. Она проходит по детали на расстоянии 0,2—0,3 см от шва притачивания канта.

С закрытыми срезами. Косую полоску шириной 2,5—3 см, предназначенную для канта, складывают вдвое вдоль лицевой стороной вверх и приутюживают. После чего к изнаночной стороне детали швом шириной 0,5—0,7 см ее приметывают и пристрачивают. Затем полоску отгибают на лицевую сторону детали, причем срезы при этом должны быть закрытыми, приметывают и пристрачивают на расстоянии 0,2—0,3 см от сгиба.

ДЕКОРАТИВНО-ОТДЕЛОЧНЫЕ ШВЫ

Декоративно-отделочные швы служат для художественного оформления изделий. К ним относятся шов с кантом, вытачной, рельефный и др.

Шов с кантом выполняют чаще всего из отделочной ткани, которая может отличаться от основной не только по цвету, но и по качеству. Кант может быть выполнен со шнуром, без шнура. Кант со шнуром выполняют следующим образом: косую полоску ткани шириной 1,0—2,0 см складывают по длине изнанкой внутрь и вкладывают туда шнур нужной толщины. После этого на лицевую сторону детали накладывают полоску, срезы детали и полоски совмещают, приметывают и притачивают. Затем берут вторую деталь, складывают ее с первой так, чтобы лицевые стороны оказались внутри, и прокладывают по ранее уже сделанной новую строчку. Таким же образом притачивают к детали кант без шнура (в полоску ткани шнур не вкладывают).

МОДЕЛИРОВАНИЕ
ЖЕНСКОЙ ОДЕЖДЫ

ФАРТУК

Не знаю, как вас, а меня всегда располагает к себе хозяйка в фартуке. А если он еще и нарядный, и сшит самой хозяйкой, то отказываться от угощения — сущее безрассудство.

Именно поэтому, прежде чем научиться кроить и шить более сложные вещи, считаю своей обязанностью познакомить вас, милые хозяйки, с чертежом этого несложного, но обязательного предмета на вашей кухне.

По конструкции фартуки подразделяют на цельнокроеные, отрезные по линии талии или с нагрудником, выкроенным вместе с передним клином.

Вырез горловины, окантовка, расположение карманов — дело вкуса самой хозяйки.

ФАРТУК С ЦЕЛЬНОКРОЕНЫМИ БРЕТЕЛЯМИ И ЗАСТЕЖКОЙ ПОСЕРЕДИНЕ СПИНКИ (РИС. 29)

Чтобы построить чертеж фартука, необходимы следующие мерки:
— длина спинки до линии талии,
— длина переда до линии талии,
— полуобхват шеи.

Строят прямой угол с вершиной в точке А (рис. 30 а). Одна сторона угла направлена вправо, другая — вертикально вниз. Вертикальная сторона — это линия середины.

Для определения линии талии откладывают от точки А по линии середины отрезок АТ, равный мерке длины спины до талии. Из точки Т вправо проводят горизонтальную линию.

Рис. 29. Фартук с цельнокроеными бретелями и застежкой посередине спинки

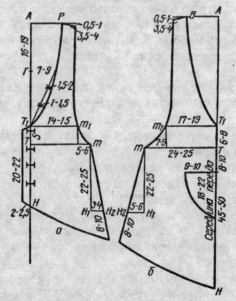

Рис. 30. Чертеж фартука с цельнокроеными бретелями и застежкой посередине спинки:
а — спинка; б — перед

42

Чтобы определить длину фартука, откладывают от точки Т вниз по линии середины 20 см и ставят точку Н.

Ширину фартука определяют следующим образом: от точки Т вверх по линии середины откладывают 5 см и ставят точку T_1. От нее по горизонтали вправо отмеряют 14—15 см и ставят точку m_1. От точки Т отмеряют на 5 см больше, ставят точку m.

Определив ширину фартука, начинают строить боковой срез. От точки m вниз по вертикали откладывают 22—25 см, новую точку обозначают буквой H_1. От нее по горизонтали вправо отмеряют 3—4 см и ставят точку H_2. Соединив прямой линией точку m с точкой H_2 так, чтобы линия продолжалась дальше на 8—10 см, получают боковой срез изделия.

Нижний срез оформляют плавной линией.

Линия шеи — горизонтальная сторона угла. Для построения ростка откладывают от точки А по линии шеи отрезок АР, равный $1/3$ мерки полуобхвата шеи плюс 3—4 см. От точки А по линии середины вниз отмеряют 16—19 см и ставят точку Г. От точки Г вправо по горизонтальной линии отмеряют 7—9 см и вновь полученную точку соединяют с точкой T_1 вспомогательной прямой. Вспомогательную прямую делят на 3 части. Из верхней точки деления вниз восстанавливают к вспомогательной прямой перпендикуляр, длина которого 1,5—2 см. Из нижней точки деления восстанавливают перпендикуляр длиной 1—1,5 см. Соединив точку Р, концы перпендикуляров, точку T_1 плавной кривой, получают росток.

Делают припуск на заход застежки. Для этого от точек T_1 и Н откладывают 2—2,5 см по горизонтали за линию середины, вновь полученные точки соединяют прямой линией.

Строят пройму. Вправо от точки Р по линии шеи отмеряют 3,5—4 см — ширину бретели. Вновь полученную точку смещают вниз на 0,5 см (скос плеча) Соединив плавной линией смещенную точку, точки m_1

и m, получают пройму изделия. Этим заканчивают построение спинки фартука и приступают к построению переда.

Первым делом строят прямой угол с вершиной в точке А. Стороны угла направлены по горизонтали влево и вниз (рис. 30 б).

Вертикальная сторона угла — линия середины переда.

Для построения линии талии от точки А по линии середины откладывают отрезок АТ, длина которого — мерка длины переда до талии. Горизонтальная линия из точки Т — линия талии.

Для определения длины переда отмеряют от точки Т по линии середины переда вниз 45—50 см и ставят точку Н.

Определяют ширину. Вверх от точки Т по линии середины откладывают отрезок TT_1, равный 6—8 см. Влево от точки T_1 по горизонтали отмеряют 17—19 см и ставят точку m_1. От точки Т отмеряют на 7—9 см больше и ставят точку m.

Чтобы построить боковой срез переда, от точки m вниз по вертикали отмеряют 22—25 см и ставят точку H_1. От нее влево по горизонтали отмеряют 5—6 см и ставят точку H_2. Соединив точки m и H_2 прямой линией так, чтобы линия продолжалась вниз на 8—10 см, получают боковой срез. Затем плавной линией оформляют нижний срез переда.

Горизонтальная линия от точки А — линия шеи.

Для построения горловины от точки А по линии шеи откладывают отрезок АВ, длина которого равна $1/3$ мерки полуобхвата шеи плюс 3—4 см. Точки В и T_1 соединяют плавной линией.

Строят пройму переда. Влево от точки В по линии шеи отмеряют 3,5—4 см и вновь полученную точку смещают вниз по вертикали на 0,5—1 см. Плавной линией соединяют смещенную точку, точки m_1, m.

После того, как и спинка, и перед фартука построены, строят чертеж кармана. От точки Т вниз по линии середины отмеряют 8—10 см и намечают положение верхнего среза. Длина кармана — 20 см, ширина — 18 см (можно по усмотрению).

ПЛАТЬЕ

Посмотри вокруг. Каких только платьев не бывает по фасону и покрою! Однако любая форма покроя разрабатывается на основе чертежа прямого классического платья с втачными рукавами. Чертеж и выкройку такого платья принято называть основными.

При построении основного чертежа мы будем использовать величины для фигуры 46 размера, роста 158, а также прибавки для среднего прилегания к фигуре. В том случае, если ваш размер или размер того, кому будет принадлежать изделие, другой, подставьте в формулы снятые с фигуры мерки.

Для построения чертежа платья потребуются следующие данные:

Сш — 17,9 см	Вг — 26,2 см	Пг = 5 см
СгI — 44 см	Дтп — 42,8 см	Пт = 3 см
СгII — 46 см	Впк — 42 см	Пб = 2—4 см
Ст — 35,5 см	Дю — 58 см	Пшс = 1 см
Сб — 50 см	Впрсз — 20,7 см	Пшг = 1—1,5 см
Цг — 9,1 см	Др — 53,5 см	Пдтс = 0,5 см
Шг — 16,7 см	Оп — 29,1 см	Пдтп = 0,5 см
Шс — 17,8 см	Озап — 16,1 см	Пшгор = 0,7—1 см
Шп — 13 см		Поп = 6 см
Дтс — 41,6 см	Пспр = 2 см	

ПОСТРОЕНИЕ ЧЕРТЕЖА ОСНОВЫ ПЛАТЬЯ

Перед тем как строить основу, следует рассчитать основные линии на чертеже (рис. 31). Проделывают это следующим образом:

1. Ширина изделия: $A_0 a_1 = CгII + Пг = 46 + 5 = 51$ см.

2. Проводят вниз вертикали из точек A_0 и a_1; откладывают величины:

$A_0T = Дтс + Пдтс = 41,6 + 0,5 = 42,1$ см.

$TH = Дю = 58$ см.

$TБ = Дтс:2 - 2 = 41,6:2 - 2 = 18,8$ см.

3. $A_0Г = Впрз + Пспр + Пдтс = 20,7 + 2 + 0,5 \approx 23$ см.

Сделав расчет, проводят горизонтали — линию груди, линию талии, линию бедер, линию низа; точки пересечения обозначают как $Г_1$, T_1, $Б_1$, H_1.

ПОСТРОЕНИЕ ЧЕРТЕЖА СПИНКИ

Проложив главные линии, строят чертеж спинки платья. Для этого делают следующие расчеты:

4. Ширина спинки: $A_0a = Шс + Пшс = 17,8 + 1 = 18,8$ см. Проводят вниз вертикальную линию, пересечение обозначают $Г_2$.

5. Ширина груди: $a_1a_2 = Шг + (СгII - СгI) + Пшг = 16,7 + (46 - 44) + 1,5 = 20,2$ см.

6. Ширина проймы $aa_2 = A_0a_1 - (A_0a + a_1a_2) = 12,0$ см (проверить по формуле $aa_2 = (Оп + Поп):3 = 11,7$ см).

Ширина проймы может отклоняться на 0,2—0,4 см, но должна быть не меньше контрольной.

7. Построение горловины спинки: $A_0A = Сш:3 + Пшгор = 17,8:3 + 1 \approx 7$ см; $A_0A_1 = A_0A:3 = 7:3 \approx 2,3$ см.

Плавной линией оформляют линию горловины спинки.

8. Построение линии плеча: двумя засечками находят плечевую точку:

$TП = Впк + Пдтс = 42 + 0,5 = 42,5$ см;

$AП = Шп + 2 = 13 + 2 = 15$ см.

Линию плеча проводят вспомогательной прямой.

9. Построение вытачки: $Aв = Шп:3 = 13:3 \approx 4,3$ см; $вв_1 = 7—9$ см; $вв_2 = 2 - 0,5 = 1,5$ см; $в_1в_3 = в_1в$. Проводят сторону вытачки и до конца оформляют линию плеча.

10. Из точки П к линии $AГ_2$ восстанавливают перпендикуляр, точку пересечения обозначают $П_1$.

11. Середина проймы: $\Gamma_2\Gamma_4=\Gamma_4\Gamma_3$.

12. Контрольная точка: $\Gamma_2\Pi_2=\Gamma_2\Pi_1:3+2$ (измеряют на чертеже).

13. Вспомогательная точка 1 на биссектрисе угла: $\Gamma_2 1=0{,}2\times\Gamma_2\Gamma_3+0{,}5=0{,}2\times11{,}7+0{,}5\approx2{,}8$ см.

14. Через точки Π, Π_2, 1, Γ_4 проводят линию проймы спинки.

15. Положение бокового шва: $\Gamma_2\Gamma_5=(^1/_3$ или $^1/_4)\times\Gamma_2\Gamma_3$. Проводят вертикаль. Точки пересечения обозначают Γ_6, T_2, $Б_2$, H_2.

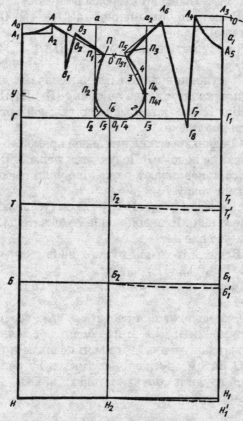

Рис. 31. Чертеж основы платья

47

16. Построение горловины: $T_1A_3 =$ Дтп$+$Пдтп$=42,8+$ $+0,5=43,3$ см; $A_3A_4 = A_0A = 7$ см; $A_3A_5 = A_3A_4 + 1 = 8$ см. Линию горловины как часть окружности оформляют с центром О, который находят засечками, радиусом: $A_5O = A_4O = A_5A_3$.

17. Построение вытачки: $\Gamma_1\Gamma_7 =$ Цг$=9,1$ см; $A_4\Gamma_8 =$ Вг$=$ $=26,2$ см. С помощью засечек строят вторую сторону вытачки: $A_4A_6 = 2 \times ($СгII$-$СгI$)+2 = 2 \times (46-44)+2 = 6$ см; $\Gamma_8A_6 = 26,2$ см. Проводят стороны вытачки.

18. Высота проймы переда: $\Gamma_3\Pi_3 = \Gamma_2\Pi_1$ (измерить на чертеже).

19. Вспомогательные точки: $\Gamma_3\Pi_4 = \Gamma_3\Pi_3 : 3$; $\Pi_4\Pi_{41} =$ $=0,6$ см.

20. Построение линии плеча: сначала двумя засечками находят плечевую точку (Π_5) $\Pi_{41}\Pi_5 = \Pi_{41}\Pi_3$; $A_6\Pi_5 =$ Шп$=13$ см. Затем вспомогательной прямой проводят линию плеча.

21. Соединяют вспомогательной прямой точки $\Pi_5\Pi_4$; разделяют ее пополам. Получается точка 3. После чего к ней восстанавливают перпендикуляр высотой 1 см и получают точку 4.

22. Плечевая точка: $\Pi_5\Pi_{51} = 0,5$ см (убавляют на растяжение ткани). Плавной линией окончательно оформляют линию плеча.

23. Вспомогательная точка 2 на биссектрисе угла: $\Gamma_32 = 0,2 \times \Gamma_2\Gamma_3 = 0,2 \times 11,7 \approx 2,3$ см.

24. Через точки $\Pi51$, 4, $\Pi4$, 2, $\Gamma4$, $\Gamma6$ проводят линию проймы.

25. Определяют для расчета рукава вертикальный диаметр проймы. Для этого соединяют точки Π, Π_{51}, разделяют полученный отрезок пополам и получают точку О. Затем опускают вертикаль до пересечения с линией груди и получают точку O_1; $OO_1 = 17$ см (измерить на чертеже).

ИЗМЕНЕНИЕ ЧЕРТЕЖА ОСНОВЫ
ДЛЯ ПРЯМОГО ПЛАТЬЯ (РИС. 32)

Для того чтобы с чертежа основы платья получить чертеж прямого платья, следует сделать некоторые изменения.

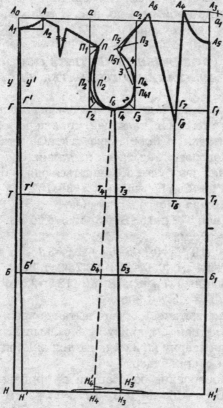

Рис. 32. Построение чертежа основы прямого платья

1. Уровень лопаток $A_0У=0,4×Дтс=0,4×41,6≈16,6$ см;
2. Средняя линия спинки: $ТТ'=1—1,5$ см. Точки A_1 и $Т'$ соединяют, линию продлевают до низа, пересечения обозначают точками $Г'$, $Б'$, $Н'$, $У'$.

3. Пройма спинки: $П_2П_2'=УУ'$. Проводят новую линию проймы.

4. Боковой срез спинки: $Б'Б_3=Г'Г_4$. Проводят линию $Г_4Б_3$. Затем продлевают ее до низа. Точками $Т_3$, $Н_3$ обозначают пересечения.

5. Боковой срез переда: $Г_4Г_6=ГГ'$; $Б_1Б_4=Сб+Пб--Б'Б_3=50+4-24=30$ см. Проводят линию $Г_6Б_4$, продлевают ее до проймы и до низа и точками $Т_4$, $Н_4$ обозначают пересечения.

ПОСТРОЕНИЕ ЧЕРТЕЖА ОСНОВЫ ПРИТАЛЕННОГО ПЛАТЬЯ (РИС. 33)

Чертеж приталенного платья напоминает чертеж основы, с той лишь разницей, что в первом случае имеются вытачки на талии и низ изделия слегка расширен.

1. Построение вытачек на талии. Сумма вытачек (в дальнейшем будет обозначаться одной буквой В):

$В=ТТ_1-(Ст+Пт)=51-(35,5+3)=12,5$ см.

Величина раствора вытачек:

боковая $Т_3Т_4=0,5×В=0,5×12,5≈6,25$ см; $Т_2Т_3=Т_2Т_4=6,25:2≈3,1$ см;

задняя $Т_6Т_7=0,3×В=0,3×12,5=3,75$ см; $ТТ_5=ГГ_2:2==18,8:2=9,4$ см; $Т_5Т_6=Т_5Т_7=3,75:2≈1,9$ см;

передняя $Т_9Т_{10}=0,2×В=0,2×12,5=2,5$ см; $Т_1Т_8=Г_1Г_7$; $Т_8Т_9=Т_8Т_{10}=2,5:2≈1,3$ см.

Длина вытачек: задняя вытачка вверху ниже линии груди на 3 см, внизу на 3 см выше линии бедер; передняя вверху на 3 см ниже точки $Г_8$, внизу на 4—5 см выше линии бедер.

2. Построение бокового шва: прибавка по линии бедер $Б_3Б_4=Сб+Пб-ББ_1=50+3-51=2$ см (по одному сантиметру влево и вправо от точки $Б_2$); расширение низа: $Н_2Н_3=Н_2Н_4=4—5$ см. Рассчитав это, проводят линию боковых срезов: спинки — через точки $Г_6$, $Т_3$, $Б_3$, $Н_3$; переда — через точки $Г_6$, $Т_4$, $Б_4$, $Н_4$; на участках от талии до бедер выпуклость равна 0,5 см; от точек $Б_3$ и $Б_4$ вниз проводят вертикали.

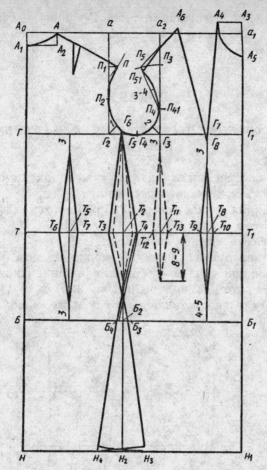

Рис. 33. Построение чертежа приталенного платья

3. Затем уравнивают длину боковых срезов от талии до низа: $T_3H_3=T_4H_4=TH$.

4. В случае недостаточного облегания строят дополнительную вытачку. Рассчитывают ее следующим образом:

$T_{12}T_{13}=0,2\times B\approx2,5$ см (остальные вытачки: задняя $0,3\times B$, боковая $0,3\times B$; передняя $0,2\times B$); ось вытачки —

51

продолжение вертикали от точки $Г_3$; длина — вверху на 3 см ниже линии груди, внизу — на 8—9 см ниже линии талии.

РУКАВ

ПОСТРОЕНИЕ ЧЕРТЕЖА ВТАЧНОГО РУКАВА (РИС. 34)

Для построения втачного рукава необходимо использовать следующие измерения:

— ширина рукава вверху (Шрвв) в готовом виде;

— длина рукава (Др);

— высота оката рукава (Вок).

Ширина рукава вверху — мерка обхвата плеча (Оп) плюс прибавка на свободное облегание (Поп):

Шрвв в готовом виде=(Оп+Поп):2.

Длину рукава устанавливают по измерению.

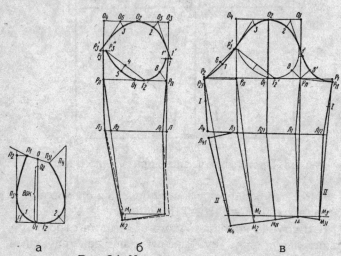

Рис. 34. Чертеж втачного рукава:
а — определение высоты оката рукава; б — основа рукава;
в — одношовный рукав.

52

Первым делом находят высоту оката рукава. Для этого соединяют прямой линией точки $П_1$ и $П_{51}$ проймы (рис. 34 а), делят эту линию пополам точкой О. Из точки О опускают перпендикуляр на линию глубины проймы и получают соответственно точку $О_1$. $ОО_1$ — это глубина незашитой проймы. После стачания плечевых срезов изделия глубина проймы (зашитой) уменьшится на 1,5—2,5 см. На чертеже разницу между незашитой и зашитой проймой обозначают $ОО_2$. $О_2О_1$ — высота оката рукава Вок.

Основа рукава

Чтобы построить основу рукава (рис. 34 б), необходимо провести вертикальную линию переднего переката. Верх линии обозначают точкой $О_3$. Откладывают вниз высоту оката и ставят точку Рп: $О_3Рп=Вок$.

Линию локтя определяют по формуле:
$О_3Л=(Др:2)+4$;
линию низа рукава:
$О_3М=Др+1$.

Влево от точек $О_3$, Рп, Л, М проводят горизонтали и откладывают ширину рукава вверху в готовом виде:
$О_3О_4=РпРл=Шрвв$

Четверть ширины рукава вверху:
$О_3О_2=РпО_1=О_3О_4:2$

Соединяют точки $О_4$ и Рл и от Рл вверх откладывают отрезок $РлР_3=Г_1П_3$ (рис. 34 а).

От точки $Р_3$ влево и вправо откладывают по 0,8 см и ставят $Р_3'$ и $Р_3''$. На горизонтальной линии $О_3О_4$ рассчитывают вспомогательную точку $О_6$: $О_2О_6=О_2О_4:2$. Соединяют прямой линией точки $О_6$ и $Р_3'$. Угол у точки $О_6$ разделяют на две равные части и на линии деления откладывают отрезок $О_63$.

Определяют вспомогательную точку $О_5$: $О_2О_5=(О_2О_3:2)+2$.

На вертикали Рп находят точку сопряжения рукава с проймой 1: $Рп1=Г_3П_4$ (рис. 31).

53

Влево и вправо от точки 1 откладывают по 0,8 см и ставят точки 1' и 1''.

Соединяют вспомогательной линией точки O_5 и 1'. Угол у точки O_5 делят пополам. На линии деления откладывают отрезок $O_52=2—2,5$ см.

Затем плавной линией соединяют точки P_3'—3—O_2—2—1' и получают верхнюю часть оката рукава.

Угол у точки Рп делят пополам и на линии деления откладывают $Pп8=Г_42$ (рис. 31)+0,5 см.

Определяют вспомогательную точку $Г_2'$: $РлГ_2'=$ $=0,5×РлРп+0,5$. Соединяют прямой линией точки $Г_2'$ и P_3'', делят эту линию пополам точкой 4 и из точки 4 опускают перпендикуляр 4—5. Для получения нижней части оката рукава соединяют плавной линией точки P_3''—5—$Г_2'$—8—1''.

По переднему перекату на линии локтя дают прогиб $ЛЛ_1=1—1,5$ см. Соединив точки $Л_1$, Рп, М, получают линию переднего переката рукава.

Ширину рукава внизу берут по модели. Скос низа рукава $М_1М_2=2$ см.

Точки М и $М_2$ соединяют и получают линию низа рукава. Затем соединяют точки $М_2$ и Рл и место пересечения с линией локтя обозначают $Л_2$. От точки $Л_2$ влево откладывают 1,5 см и получают точку $Л_3$, которую соединяют с Рл и $М_2$: Рл—$Л_3$—$М_2$ — линия локтевого переката рукава.

ПОСТРОЕНИЕ ЧЕРТЕЖА ОДНОШОВНОГО РУКАВА

Для построения одношовного рукава (рис. 34) первым делом следует определить на основе рукава место, где будет проходить шов. Чаще всего шов располагается посередине рукава или под проймой:

$РлО_1=РлРп:2$; $Л_1Л_{21}=Л_1Л_3:2$; $ММ_{11}=ММ_2:2$.

Точки $О_2$—$О_1$—$Л_{21}$—$М_{11}$ соединяют прямыми линиями.

Рукав развертывают относительно переднего переката:

РпР$_1$=РпО$_1$; Л$_1$Л$_{22}$=Л$_1$Л$_{21}$; ММ$_3$=ММ$_{11}$.

Точки Р$_1$—Л$_{22}$—М$_3$ соединяют.

Затем откладывают от точки М$_3$ вниз 0,5 см и получают точку М$_{31}$. Точку М$_{31}$ соединяют с точкой М. Из точки Рп вправо проводят перпендикулярную линию к прямой РпЛ$_1$. На месте пересечения ее с линией Р$_1$Л$_{22}$ ставят точку Р$_{11}$. Угол у точки Рп делят пополам и на линии деления откладывают отрезок Рп8'=Рп8.

Точки 1'—8'—Р$_{11}$ соединяют плавной линией.

Разворачивают рукав относительно локтевого переката:

РлР$_2$=РлО$_1$; Л$_3$Л$_4$=Л$_3$Л$_{21}$; М$_2$М$_4$=М$_2$М$_{11}$.

Проводят перпендикулярную линию от точки Л$_3$ к прямой Л$_3$М$_2$ влево. Данная линия определяет раствор локтевой вытачки.

Стороны вытачки уравнивают: Л$_3$Л$_4$=Л$_3$Л$_{41}$.

Точку Л$_{41}$ соединяют с точкой М$_4$. При оформлении вытачку укорачивают, чтобы она не доходила до линии локтевого переката на 1—1,5 см.

От точки Рл к прямой РлЛ$_3$ влево проводят перпендикулярную линию. На месте пересечения ее с линией Л$_4$Р$_2$ ставят точку Р$_{21}$. Точки Р$_{21}$ и Р$_3'$ соединяют прямой вспомогательной линией. Делят линию Р$_{21}$Р$_3'$ пополам и получают точку 6: 6—7=1—1,5 см.

Точки Р$_{21}$—7—Р$_3'$ соединяют плавно и получают окат рукава.

Контрольные надсечки на окате рукава в точках 1', Р$_3$', О$_2$. Первая контрольная надсечка (I) на переднем срезе одношовного рукава находится на 7 см ниже точки Р$_{11}$. Ей соответствует первая надсечка на локтевом срезе, которая тоже находится на расстоянии 7 см от точки Р$_{21}$. Вторая надсечка (II) — выше точек М$_{31}$ и М$_4$ на 8 см.

БЛУЗКА

ПОСТРОЕНИЕ ОСНОВЫ БЛУЗКИ

Моделирование блузок происходит с помощью основной блузки, которая состоит из конструктивных линий и деталей, имеющих общепринятое назначение.

Выкройку основной блузки снимают с выкройки основы платья. Длина блузки зависит от того, как ее собираются носить: поверх юбки или заправлять. В первом случае блузки могут быть и короткими, и длинными (ниже линии бедер), во втором — ниже линии бедер на 6 см. Застежка горловины может быть закрытой до верха или с открытыми бортами. Рукав на манжете, прямой. Стояче-отложной или полустоячий воротник. Удлиненные блузки, которые носят поверх юбки, могут быть с вытачками на линии талии или без них. В блузках, которые собираются заправлять, эти вытачки чаще всего отсутствуют.

Количество ткани, необходимое для раскроя блузки:

— ширина ткани 60 см — одна длина спинки плюс две длины полочек плюс одна длина рукава плюс 30—40 см;

— ширина ткани 75—80 см — одна длина спинки плюс две длины полочек плюс одна длина рукава плюс 20—30 см;

— ширина ткани 90—100 см — одна длина спинки плюс одна длина полочек плюс одна длина рукава плюс 20—30 см;

— ширина ткани 140 см — одна длина полочек плюс одна длина рукава плюс 20 см.

РАСКРОЙ БЛУЗКИ С ЗАСТЕЖКОЙ ДО ВЕРХА
(РИС. 35)

Ткань складывают вдоль лицевой стороной внутрь. Раскраивая основную блузку с припуском на полузанос и на обработку застежки, выкройку спинки размещают серединой к сгибу ткани (рис. 36). При этом учитывают то, что от края материала до линии низа изделия должно оставаться 2—3 см для подгиба. Дальше на ткани размещают выкройку переда. Ее кладут либо навстречу выкройке спинки (не учитывается направление рисунка), либо от нее (учитывается направление рисунка) с учетом припуска на плечевые швы на расстоянии от кромки или сгиба ткани, равном припуску на полузанос и на обработку застежки.

Рис. 35. Основная блузка с застежкой до верха

Припуск на полузанос — 2—2,5 см;
на обработку застежки — удвоенный припуск на полузанос плюс 1,5 см: 2,5×2+1,5=6,5 см.

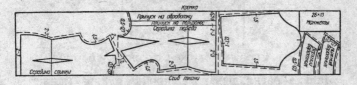

Рис. 36. Раскладка выкроек на ткани и раскрой основной блузки с закрытыми бортами

Проводят линию края полузаноса. Для этого от кромки ткани откладывают припуск на обработку застежки и проводят параллельную кромке линию. От линии края полузаноса отмечают припуск на полузанос и проводят линию середины переда, которая параллельна краю полузаноса.

РАСКРОЙ БЛУЗКИ С ОТКРЫТЫМИ БОРТАМИ (РИС. 37)

Прежде чем приступить к раскрою определяют ширину борта (вверху она может быть от 2—2,5 см до 4—8 см) и положение верхней петли (12—15 см от горловины). От кромки или сгиба ткани откладывают припуск, который равен ширине борта вверху плюс 0,5—0,7 см и проводят параллельную кромке линию середины переда. Выкройку переда прикладывают к отмеченной линии серединой. Ширина борта и на уровне верхней петли и внизу равна 2—2,5 см. Линию горловины спрямляют.

Рис. 37. Основная блузка с открытыми бортами

Дальше раскладывают выкройки рукава, манжеты, воротника. Дают припуски на швы и на подгиб низа (рис. 38).

58

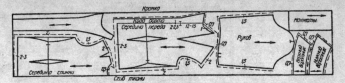

Рис. 38. Раскладка выкроек на ткани и раскрой блузки
с открытыми бортами

ПОСТРОЕНИЕ ЧЕРТЕЖА КОНСТРУКЦИИ С УГЛУБЛЕННОЙ ПРОЙМОЙ И ВТАЧНЫМИ РУКАВАМИ РУБАШЕЧНОГО ПОКРОЯ (РИС. 39)

Данная конструкция — производная от конструкции чертежа изделия с втачными рукавами. Ее особенностью является углубление проймы для обеспечения лучшего подъема руки и уменьшение высоты оката рукава. Величина углубления проймы колеблется в больших пределах — от 2 см и до линии талии и зависит от формы изделия: чем она мягче и объемнее, тем больше углубление.

От точки A_0 вниз (рис. 39 б) по вертикальной линии откладывают отрезок $A_0\Gamma$, величина которого равна измерению расстояния от высшей точки проектируемого плечевого шва у основания шеи до уровня задних углов подмышечных впадин (Впрсз) с прибавкой на свободу проймы (Пспр).

Из точки Г проводят горизонталь — линию груди, из точки Т — линию талии. Рассчитывают точку Т следующим образом: откладывают из точки A_0 по вертикали вниз отрезок, равный измерению длины спинки до талии (Дтс) плюс прибавка (Пдтс) плюс напуск.

$A_0T=Дтс+Пдтс (0,5 см)+2 см (напуск).$

Затем от точки A_0 вправо откладывают отрезок $A_0а$, величина которого равна половине измерения ширины спинки (Шс) плюс прибавка на свободное облегание.

59

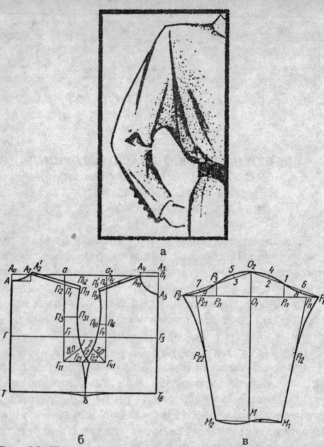

Рис. 39. Построение чертежа конструкции с углубленной проймой и втачными рукавами рубашечного покроя:
а — лиф с рукавами рубашечного покроя на углубленной пройме; б — построение чертежа лифа с углубленной проймой; в — построение чертежа рукава рубашечного покроя к лифу с углубленной проймой

$A_0a = Шс + П$ (2,5 см).

Из образовавшейся точки а проводят вертикальную линию вниз. Это — линия, которая ограничивает ширину спинки.

Влево от точки a_1 откладывают отрезок a_1a_2.

$a_1a_2 = \text{Шг} + (\text{СгII} - \text{СгI}) + \text{П (0,5 см)}$.

Вертикальная линия из точки a_2 вниз — линия, которая ограничивает ширину переда.

Точки пересечения вертикалей из точек a, a_2, a_1 с линией груди и линией талии обозначают соответственно Г_1, Г_4, Г_3 и Т_1, Т_3, Т_8.

Находят линию середины переда. Для этого от точки Т_8 по линии середины переда вверх откладывают отрезок $\text{Т}_8\text{А}_3$, величина которого равна измерению длины переда до талии (Дтп) плюс прибавка плюс напуск.

$\text{Т}_8\text{А}_3 = \text{ДтпII} + \text{П (1,5 см)} + 2 \text{ см (напуск)}$.

Определяют ширину горловины. От точки А_0 вправо откладывают отрезок $\text{А}_0\text{А}_2$, величина которого равна $\frac{1}{3}$ полуобхвата шеи плюс прибавка. Аналогично от точки А_3 влево откладывают отрезок $\text{А}_3\text{А}_4$:

$\text{А}_0\text{А}_2 = \text{А}_3\text{А}_4 = \frac{1}{3} \times \text{Сш} + 1 \text{ см}$.

Находят глубину горловины переда и спинки. Для этого от точки А_0 по линии середины спинки вниз откладывают отрезок $\text{А}_0\text{А}$, величина которого равна $\frac{1}{3}$ отрезка $\text{А}_0\text{А}_2$:

$\text{А}_0\text{А} = \frac{1}{3} \times \text{А}_0\text{А}_2$.

Глубина горловины переда на 1 см больше, чем ее ширина:

$\text{А}_3\text{А}_5 = \text{А}_3\text{А}_4 + 1 \text{ см}$.

Для определения плечевых срезов и проймы из точки А_2 проводят радиус, величина которого равна ширине плечевого ската плюс посадка, делают засечку.

$\text{А}_2\text{П}_1 = \text{Шп} + \text{посадка}$.

Чтобы определить место следующей насечки проводят из точки Т радиусом, равным измерению — высота плеча косая (Впк) плюс прибавка плюс напуск.

$\text{ТП}_1 = \text{ВпкII} + \text{П(1,5 см)} + \text{напуск (2 см)}$.

Точку пересечения дуг обозначают П_1, точку пересечения $\text{А}_2\text{П}_1$ и $a\text{Г}_1$ — П_2.

$\text{Г}_4\text{П}_4 = \text{Г}_1\text{П}_2 + 0,5 \text{ см}$.

От точки Г_1 откладывают вверх отрезок $\text{Г}_1\text{П}_3$, величина которого равна $\frac{1}{3}$ отрезка $\text{Г}_1\text{П}_2$ плюс 2 см:

$\text{Г}_1\text{П}_3 = \text{Г}_1\text{П}_2 : 3 + 2 \text{ см}$.

Вверх от точки Γ_4 откладывают отрезок $\Gamma_4\Pi_6$, равный по величине $1/3$ отрезка $\Gamma_4\Pi_4$:

$\Gamma_4\Pi_6=\Gamma_4\Pi_4:3$.

Точку пересечения двух засечек обозначают Π_5: из точки Π_6 радиусом $\Pi_6\Pi_4$, из точки A_4 радиусом, равным ширине плечевого ската, — $A_4\Pi_5$.

$\Gamma_1\Gamma_{11}=\Gamma_4\Gamma_{41}=10$ см (дополнительное углубление проймы).

На горизонтали от точки Π_3 вправо откладывают отрезок $\Pi_3\Pi_{31}$, величина которого равна 4 см.

На горизонтали от точки Π_6 влево откладывают отрезок $\Pi_6\Pi_{61}$: $\Pi_6\Pi_{61}=3$ см.

Точку, которая делит отрезок $\Gamma_{11}\Gamma_{41}$ пополам, обозначают Γ_2. Вправо и влево от точки Γ_2 откладывают по 1 см и ставят точки Γ_{21}, Γ_{22}.

Увеличивают на 5 см плечевой срез:

$\Pi_1\Pi_{11}=\Pi_5\Pi_5'=5$ см.

Плечевой шов переводят в сторону переда на 1 см:

$A_2A_2'=\Pi_{11}\Pi_{12}=1$ см;

$A_4A_{41}=\Pi_5'\Pi_{51}=1$ см.

На биссектрисах углов Γ_{11} и Γ_{41} откладывают 8 и 7 см и ставят точки 1 и 2.

Через точки Π_{12}, Π_{31}, 1, Γ_{22} проводят линию проймы спинки, через точки Π_{51}, Π_{61}, 2, Γ_{21} оформляют линию проймы переда. Точки Γ_{21}, Γ_{22} соединяют с точкой T_3.

Для построения рукава (рис. 39 в) проводят две взаимно перпендикулярные линии. Их точку пересечения обозначают O_1. От этой точки вверх по вертикали откладывают отрезок O_1O_2, величина которого равна величине оката рукава.

$O_1O_2=9$ см.

От точки O_1 в обе стороны по горизонтальной линии откладывают отрезки O_1P_1 и O_1P_2, величина которых составляет половину ширины рукава. Ширина рукава — обхват плеча (Оп) плюс прибавка на свободное облегание.

Ш рукава=Оп+Поп.

Отрезки O_1P_1 и O_1P_2 делят на две равные части и получают точки Рп и Рл. Из этих точек проводят перпендикуляры. На перпендикуляре из точки Рп вверх откладывают отрезок Рп1, величина которого равна половине отрезка O_1O_2.

Рп1=$^1/_2$×O_1O_2.

На перпендикуляре из точки Рл откладывают отрезок РлP_3, величина которого соответствует величине отрезка Рп1+5 см.

РлP_3=Рп1+5 см.

Прямыми линиями соединяют точки P_2, P_3, O_2, 1, P_1. Отрезки P_2P_3, P_3O_2, O_2 1, 1P_1 делят пополам. Из середин восстанавливают перпендикуляры и обозначают их точками 2 и 4, 3 и 5, 6 и 8, 7 и 9.

Точки P_2, 9, P_3, 5, O_2, 4, 1, 8, P_1 соединяют плавной линией и получают окат рукава. От точки O_2 вниз по вертикали откладывают длину рукава минус удлинение плечевого среза и получают точку М.

Оформляют низ рукава. Для этого проводят через точку М горизонталь. На ней от этой же точки М влево и вправо откладывают отрезки ММ$_1$ и ММ$_2$, величина которых равна половине ширины рукава внизу.

ММ$_1$=ММ$_2$.

От точки P_1 влево откладывают отрезок P_1P_{11}, величина которого 5 см. От точки P_2 вправо откладывают отрезок P_2P_{21} равный 5 см.

P_1P_{11}=P_2P_{21}=5 см.

Точку P_{11} соединяют прямой линией с точкой М$_1$, точку P_{21} — с М$_2$. От точек P_{11}, P_{21} вниз откладывают отрезки $P_{11}P_{12}$ и $P_{21}P_{22}$, равные 21 см.

$P_{11}P_{12}$=$P_{21}P_{22}$=21 см.

Точки P_2, P_{22}, М$_2$ и P_1, P_{12}, М$_1$ соединяют и получают боковой срез рукава. Соединив точки М$_1$, М, М$_2$, получают нижний срез рукава.

ЛИФ С ЦЕЛЬНОКРОЕНЫМИ ДЛИННЫМИ РУКАВАМИ (РИС. 40).

Обводят основную выкройку спинки лифа (рис. 41 а), наносят линию груди и линию, ограничивающую ширину спинки. Точка р — ширина ростка, п — край плеча, К — начало бокового среза.

Рис. 40. Лиф с цельнокроеными длинными рукавами без ластовиц

Плечевой срез у ростка поднимают на 0,7 см и ставят точку P_1, плечевой срез у края плеча поднимают на 1,5 см и ставят точку $п_1$, по сторонам вытачек — на 0,7 см.

Кроме того, линию плечевого среза продлевают вправо на отрезок, длина которого равна длине рукава плюс 1 см, и ставят точку Н:

$Hп_1 = Др + 1$ см

Из точки Н вниз к линии $Hп_1$ восстанавливают перпендикуляр, длина которого равна ширине рукава плюс 2 см, и ставят точку H_1. Оформляют низ рукава.

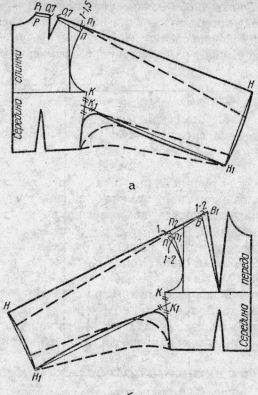

Рис. 41. Чертеж лифа с цельнокроеными
длинными рукавами без ластовиц:
а — спинка; б — перед

Затем из точки H_1 проводят вспомогательную прямую. Она проходит параллельно верхнему срезу (для прямого рукава). В точке пересечения вспомогательной прямой с боковым срезом ставят K_1. Оформляют нижний срез, слегка выпуклой кривой, которая на уровне талии переходит в боковой срез.

Для построения чертежа переда обводят основную выкройку переда лифа до талии (рис. 41 б). Наносят линию груди и линию, ограничивающую ширину переда. Точкой п обозначают край плеча, В — положение левой стороны вытачки на плечевом срезе, К — начало бокового среза.

Уменьшают на 1—2 см раствор плечевой вытачки. Новую точку обозначают B_1.

На 1—2 см край плеча перемещают вправо, и на 1 см поднимают. Вновь созданные точки обозначают $п_1$ и $п_2$.

Точки B_1 и $п_2$ соединяют.

Плечевой срез продлевают влево на отрезок, длина которого равна длине рукава минус 1 см, и ставят точку Н.

Вниз от точки Н к прямой $Нп_2$ проводят перпендикуляр, величина которого равна ширине рукава минус 2 см, и ставят точку $Н_1$. Оформляют низ рукава.

По боковому срезу от точки К откладывают отрезок, длина которого равна длине отрезка $КК_1$ на чертеже спинки, и ставят точку $К_1$. Точку $К_1$ соединяют с точкой $Н_1$ вспомогательной прямой. Слегка вогнутой кривой оформляют нижний срез. В боковой срез она переходит так же, как на чертеже спинки.

Длина нижнего среза передней части рукава на 1—2 см короче длины нижнего среза задней части рукава.

ЛИФ С РУКАВАМИ ПОКРОЯ РЕГЛАН (РИС. 42)

Обводят основную выкройку спинки лифа (рис. 43 а). Наносят линию груди и линию, которая ограничивает ширину спинки. Точкой Р обозначают ширину ростка, А — глубину ростка, п — край плеча. Точку, в которой линия груди пересекается с линией, ограничивающей ширину спинки, обозначают точкой С. Точкой К — начало бокового среза.

Плечевой срез у ростка поднимают на 0,5—0,7 см и ставят точку $Р_1$; на такую же величину — по сторонам вытачки; у края плеча поднимают на 1—1,5 см и ставят точку $п_1$. Линейкой соединяют точку $Р_1$ с точкой 0,5—0,7 см на левой стороне вытачки и точку 0,5—0,7 см с точкой $п_1$ на правой стороне вытачки.

Рис. 42. Лиф с рукавами реглан

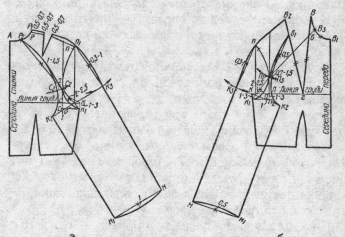

а   б

Рис. 43. Чертеж лифа с рукавами реглан:
а — спинка; б — перед

Линию груди опускают. На линии, ограничивающей ширину спинки, ставят точку C_1, на боковом срезе — K_1:

$CC_1 = KK_1 =$ от 1 до 3 см.

На две равные части делят линию ростка (получают точку P_2). Вспомогательной прямой соединяют точки P_2 и K_1. Точку, в которой вспомогательная линия пересеклась с линией, ограничивающей ширину спинки, обозначают C_2. Отрезок P_2C_2 делят надвое и вверх из точки деления проводят перпендикуляр длиной 1—1,5 см. Затем восстанавливают перпендикуляр из середины отрезка C_2K_1 вниз. Его длина — 2—2,5 см. Соединяют точки P_2, 1—1,5 см, C_2, 2—2,5 см, K_1 и получают пройму рукава.

Обводят на чертеже основную выкройку переда лифа (рис. 43 б), наносят основные линии: линию груди, линию низа, линию, ограничивающую ширину переда. Обозначения: В — ширина горловины; B_1 — глубина; п — край плеча; П — пересечение линии груди с линией, ограничивающей ширину переда; $П_1$ — касание проймы линии, ограничивающей ширину переда; К — начало бокового среза; г — центр вытачки; B_2 — положение левой стороны вытачки на плечевом срезе.

Опускают на 1—3 см линию груди. На линии, ограничивающей ширину переда, ставят точку $П_2$, а на боковом срезе — K_1.

Делят на 3 части линию горловины, первую от плечевого среза точку деления обозначают B_3. Соединив точки B_3 с $П_1$ вспомогательной прямой, на пересечении этой прямой с правой стороной вытачки ставят точку в. Для того, чтобы стороны вытачки уравнять, от точки г откладывают на левой стороне вытачки отрезок, равный гв и ставят точку $в_1$.

Проводят вспомогательные прямые: $в_1П_1$ и $П_1K_1$. Разделив отрезок $П_1в_1$ на две равные части, восстанавливают из точки деления перпендикуляр длиной 0,5 см. Затем восстанавливают перпендикуляр длиной 2—2,5 см вправо из точки деления (пополам) отрезка $П_1K_1$ и оформляют пройму, которая проходит через точки $в_1$, 0,5 см, $П_1$, 2—2,5 см и K_1.

Для построения чертежа рукава необходимо знать высоту оката рукава и его ширину.

Высота оката — средняя высота проймы лифа минус 2—2,5 см; ширина рукава — мерка обхвата руки плюс прибавка на свободное облегание к обхвату руки; ширина задней части рукава — половина всей ширины рукава плюс 1 см; ширина передней части рукава — половина всей ширины рукава минус 1—2 см.

Построение задней части оката начинают следующим образом: из точки $п_1$ проводят дугу, радиус которой равен рассчитанной высоте оката. Вправо от точки C_1 по перемещенной линии груди откладывают отрезок C_1O, длина которого 1 см. К дуге из точки O проводят касательную и продлевают линию влево. Из точки P_2 проводят еще одну дугу радиусом P_2C_2. На этой дуге от точки C_2 влево откладывают 1—2 см и ставят точку C_3. Переводят нижнюю часть проймы спинки — кривую K_1C_2 — на кальку, кальку переворачивают, и получается так, что точка C_2 на кальке совмещается с точкой C_3 на чертеже. Точка K_1 на кальке — с касательной к первой дуге. Ту точку на чертеже, что совпала с точкой K_1 на кальке, обозначают K_2. Кривая K_2C_3 — нижняя часть оката рукава. Она повторяет и форму, и размер нижней части проймы спинки K_1C_2.

Точки C_3 и 1—1,5 см на пройме соединяют плавной линией, и от точки 1—1,5 см до точки P_2 линия оката совпадает с линией проймы.

Для построения верхнего среза откладывают по касательной от точки K_2 ширину задней части рукава, ставят точку K_3.

Соединяют вспомогательной прямой точки K_3 и $п_1$. Из середины отрезка $K_3п_1$ восстанавливают вверх перпендикуляр, длина которого — 0,3—1 см. Выпуклой кривой, которая проходит через точку 0,3—1 см оформляют верхний срез до точки K_3. Из точки K_3 вниз восстанавливают перпендикуляр к отрезку K_2K_3. От точки п$_1$ откладывают по сопряженным линиям длину рукава, ставят точку Н.

Влево из точки Н восстанавливают перпендикуляр к отрезку К$_3$Н. На перпендикуляре откладывают отрезок НН$_1$, длина которого равна ширине рукава внизу. Оформляют низ. У середины отрезка НН$_1$ изгиб 1 см.

Строят нижний срез. Точку К$_2$ соединяют с точкой Н$_1$ (под линейку). Прежде чем вырезать выкройки, следует перенести на другой лист бумаги либо спинку, либо рукав, так как на чертеже эти детали заходят одна на другую (рис. 43 а). При этом следует отметить контрольную точку С$_2$ на спинке, С$_3$ — на рукаве и край плеча п$_1$.

Для построения передней части оката (рис. 43 б) проводят из точки п дугу, радиус которой равен рассчитанной высоте оката. Влево от точки П$_2$ откладывают по перемещенной линии груди 1 см и ставят точку О. Проводят из нее касательную к дуге, и линию продлевают вправо. Затем из точки в$_1$ проводят еще одну дугу радиусом в$_1$П$_1$. На этой дуге вправо от точки П$_1$ откладывают 0,7—1,5 см и ставят П$_3$.

Так же, как и при построении задней части, на кальку переводят нижнюю часть проймы переда — кривую П$_1$К$_1$. Перевернув кальку, получают совмещенные точки П$_1$ на кальке и П$_3$ на чертеже. Точка К$_1$ на кальке совмещена с касательной к первой дуге. Точку, которая совпала с точкой К$_1$ на кальке, обозначают К$_2$. П$_3$К$_2$ — нижняя часть оката рукава. Эта кривая повторяет и форму, и размер нижней части проймы переда.

Точки П$_3$ и 0,5 соединяют, и от точки 0,5 до точки в$_1$ линия оката и линия проймы совпадают.

Откладывают от точки К$_2$ по касательной ширину передней части рукава, ставят точку К$_3$. Вспомогательной прямой эту точку соединяют с точкой п и из точки деления пополам отрезка К$_3$п вверх восстанавливают перпендикуляр, длина которого 0,3—1 см.

Плавной выпуклой линией, которая проходит через точку 0,3—1 см до точки $К_3$, оформляют верхний срез. Вниз из точки $К_3$ восстанавливают перпендикуляр к отрезку $К_2К_3$. Откладывают длину рукава от точки п по сопряженным линиям, ставят точку Н.

Вправо от этой точки восстанавливают перпендикуляр к отрезку $К_3$Н. На перпендикуляре откладывают отрезок $НН_1$, длина которого равна ширине рукава внизу. Плавной линией оформляют низ. Изгиб у середины отрезка $НН_1$ составляет 0,5 см.

Точку $К_2$ соединяют с $Н_1$ под линейку.

Перед тем как вырезать выкройки, одну из деталей (перед или рукав) переводят на другой лист бумаги, при этом не забывая отмечать точки $П_1$, $П_3$, п. В выкройке рукава плечевую вытачку закрывают.

ПЕРЕМЕЩЕНИЕ НАГРУДНЫХ ВЫТАЧЕК

При построении чертежа выкройки верхнюю вытачку располагают у линии плеча, однако ее можно перевести в боковой шов, в линию горловины, линию проймы, линию талии, под кокетку.

Независимо от того, на какой линии контура начинается вытачка, ее направление — на центр груди.

Угол раствора вытачки остается одним и тем же, несмотря на то, куда ее переместили.

Перенос нагрудной вытачки осуществляют в следующей последовательности: исходя из фасона, намечают новое положение вытачки. Затем намеченную точку соединяют с центром первоначального расположения вытачки. Чертеж разрезают по линии новой вытачки, а вытачку основы закрывают. Если вытачку переводят в пройму или горловину, то она не должна доходить до центра груди на 1—2 см, если в линию талии или боковой срез — на 3—4 см.

Ниже рассмотрим четыре приема перевода верхней вытачки.

Рис. 44. Блузка с вытачкой от бокового шва

Точку бокового среза (рис. 45), куда собираются переместить вытачку, соединяют с концом плечевой вытачки. Перед по этой линии разрезают, а верхнюю вытачку скалывают булавками.

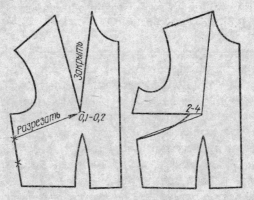

Рис. 45. Перемещение плечевой вытачки на боковой срез

Рис. 46. Блузки с вытачкой, перемещенной на линию талии

На выкройке (рис. 47) вырезают талиевую вытачку. От ее центра проводят линию разреза к центру плечевой вытачки. Эту вытачку закрывают, а следовательно увеличивается раствор вытачки на линии талии. Вытачку от линии талии можно либо застрочить, либо заменить сборками, складками, драпировкой. Ее можно также оставить открытой (блузки, расклешенные по низу).

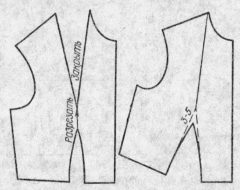

Рис. 47. Перемещение плечевой вытачки на линию талии

Рис. 48. Блузка с вытачкой от горловины

Линию горловины переда делят на три части (рис. 49). Нижнюю точку деления соединяют с концом нагрудной вытачки. По этой линии выкройку разрезают. Верхнюю вытачку закрывают.

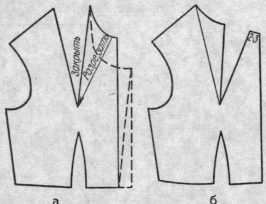

Рис. 49. Варианты перемещения плечевой вытачки на линию горловины:
а — вытачка застрачивается; б — вытачка распределяется в сбоки

Рис. 50. Блузка с вытачкой от проймы

Положение начала вытачки на пройме (рис. 51) определяют по отношению к высоте проймы на чертеже. Эту точку соединяют с концом нагрудной вытачки прямой линией. Выкройку по линии разрезают, а нагрудную вытачку закрывают.

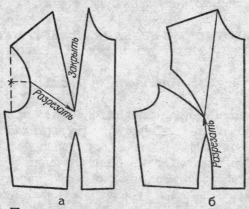

а   б

Рис. 51. Перемещение плечевой вытачки на линию проймы:
а — определение положения вытачки; б — образование
рельефа

ВОРОТНИКИ

Несмотря на то что воротник — не основная деталь изделия, отнестись к его выбору следует очень тщательно. Дело в том, что воротник не просто украшает изделие, дополняет его, он визуально влияет на очертания лица и подбородка, на форму и длину шеи. Людям худощавого телосложения подойдут одни воротники, людям полным — другие.

Форма воротников весьма разнообразна и зависит, в основном, от следующих факторов:

— соединения воротника с деталями лифа (втачной или цельнокроеный);

— положения его относительно шеи (прилегает плотно или нет);

— связи воротника с застежкой (застежка до верха или с отворотами борта).

По способу соединения с вырезом для шеи и принципу построения чертежа воротники делятся на 2 вида: втачные и цельнокроеные.

По форме отличают воротники стоячие, стояче-отложные, полустоячие, плосколежащие.

Стойка воротника зависит от линии втачивания: чем она прямее, тем выше будет стойка.

ВОРОТНИКИ В ИЗДЕЛИЯХ С ЗАСТЕЖКОЙ ДО ВЕРХА

Воротники-стойки (рис. 52)

Втачная стойка (рис. 52 а). Чертят прямой угол с вершиной в точке О (рис. 53). На вертикали от точки О вверх откладывают высоту стойки и ставят точку В. Чаще всего ОВ=3—5 см. От точки О по горизонтали вправо откладывают отрезок, длина которого равна половине длины горловины спинки и полочки, ставят точку А.

Вправо от точки А отмеряют ширину борта и ставят

точку A_1. Из точки В параллельно линии втачивания воротника в горловину проводят верхний срез стойки. Из точки A_1 восстанавливают перпендикуляр. Точку пересечения этого перпендикуляра с линией втачивания воротника в горловину обозначают точкой A_2.

Рис. 52. Воротники-стойки:
а—е — различные варианты

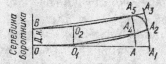

Рис. 53. Чертеж воротника-стойки с плотным прилеганием к шее

Другую половину воротника строят с помощью зеркала: налево от линии середины воротника дают зеркальное изображение контура.

Необходимо следить, чтобы долевая нить, отмеченная на выкройке посередине воротника, совпала с направлением нитей основы материала.

Втачная стойка-хомутик (рис. 52 е). Втачную стойку-хомутик, отстоящую от шеи, выкраивают в форме прямоугольной полосы (рис. 54), причем линию втачивания в горловину располагают под углом 45 градусов к нитям основы ткани. Горловину, обычно, при этом расширяют.

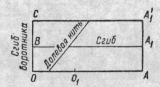

Рис. 54. Чертеж втачной стойки типа «хомутик»

От точки О вверх откладывают отрезок, длина которого равна ширине стойки в готовом виде: ОВ=4,5 см.

Длина линии втачивания в горловину стойки — половина длины горловины переда и спинки. Отрезок ОА откладывают по горизонтали. В данном случае

ОА=ОО$_1$+О$_1$А=8+12=20 см;

АА$_1$=ОВ=4,5 см;

ОА=ВА$_1$ (линия перегиба стойки).

От точек В и А$_1$ строят прямоугольник ВСА$_1'$А$_1$, величина которого равна величине прямоугольника ОВА$_1$А. Нить основы в этом случае расположена под углом сорок пять градусов к отрезку ОА.

Вторую половинку воротника строят таким же образом.

ВОРОТНИКИ ОТЛОЖНЫЕ (РИС. 55)

В точке О строят прямой угол. От точки О вверх откладывают отрезок, длина которого 1,5—10 см, и ставят точку В (рис. 56 а). Чем величина ОВ больше, тем меньше стойка воротника и наоборот, чем величина ОВ меньше, тем воротник будет менее плосколежащим.

Рис. 55. Модели отложных воротников на стойке

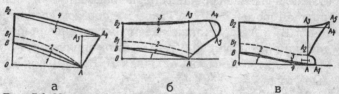

а   б   в

Рис. 56. Чертежи стояче-отложных воротников в изделиях
с застежкой до верха:
а — чертеж отложного воротника; б — чертеж отложного
воротника с удлиненными и закругленными краями; в —
чертеж воротника типа воротника мужской сорочки

Вправо от точки О откладывают величину, равную
длине ростка по кривой плюс длина горловины по кривой, и ставят точку А.

Точки А и В соединяют под линейку. Затем линию АВ делят пополам и из середины деления восстанавливают перпендикуляр 1—2, величина которого от 1 до 2,5 см. Точки В—2—А соединяют плавной линией с тем расчетом, чтобы в точке В был прямой угол.

Высота стойки BB_1 от 2 до 3,5 см, ширина воротника BB_2 — по модели.

Восстанавливают из точки А вверх перпендикуляр. Откладывают на нем отрезок AA_3:

$AA_3 = BB_2 + 1$ см.

В зависимости от модели выступ переднего конца воротника по горизонтали бывает разным. Для того чтобы оформить выступ, откладывают от точки A_3 вправо 5 см и ставят точку A_4. Точки A_4 и B_2 соединяют прямой линией. Делят эту линию пополам и восстанавливают перпендикуляр 3—4, длина которого 1—1,5 см.

Соединив точки B_2—4—A_4 так, чтобы в точке B_2 был прямой угол, оформляют плавной линией отлет воротника. Точки A_4 и А соединяют.

Отложной воротник с удлиненными и закругленными концами (рис. 56 б). Прямой линией соединяют точки В и А. Делят эту линию пополам и восстанавливают из середины перпендикуляр 1—2, величина которого 0,7—1 см. Таким же образом соединяют точки B_2 и A_3, восстанавливают из середины перпендикуляр 3—4 длиной 0,5 см. Оформление воротника производят так, чтобы в точках В, B_1, B_2 были прямые углы.

Воротник типа воротника мужской сорочки (рис. 56 в). Соединяют прямой линией точки А и В. Линию АВ делят на четыре части для того, чтобы оформить прогиб по линии втачивания. Из первой точки деления вверх восстанавливают перпендикуляр 1—2, длина которого 0,3—0,4 см. Из последней точки деления вниз откладывают перпендикуляр 3—4, длина которого от 0,3 до 0,5 см. Вверх от точки A_4

откладывают 1,5—2 см и ставя точку A_5. Плавной линией соединяют A_3 с A_5.

Оформляют линии втачивания воротника в горловину, отлета и концов (по рисунку).

ВОРОТНИКИ С ОТКРЫТОЙ ГОРЛОВИНОЙ (РИС. 57)

Рис. 57. Модели воротников с открытой горловиной

ВОРОТНИК КОСТЮМНОГО ТИПА

Чертеж воротника делают непосредственно на чертеже переда лифа. Первым делом определяют точку Л — начало отворота борта (рис. 58). От точки A_4 вправо по плечевому шву откладывают отрезок в 2—3 см и ставят точку В. Отрезок A_4В определяет высоту стойки. Соединив под линейку точки В и Л, получают линию перегиба лацкана, которая пересекает в точке Ф линию горловины. От точки В вверх откладывают половину длины горловины спинки и ставят точку B_1:

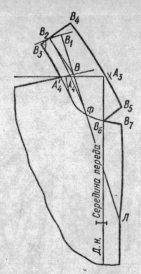

Рис. 58. Воротник костюмного типа

$BB_1=AA_2$.

Из точки Ф как из центра через точку B_1 влево проводят дугу. На ней откладывают отрезок B_1B_2. Длина отрезка зависит от осанки:

— 5 см — если фигура перегибистая;

— 6 см — фигура нормальная;

— 7 см — фигура сутулая.

Точку В соединяют с точкой B_2 прямой линией, перпендикулярно которой через точку B_2 проводят линию середины воротника. На этой линии откладывают два отрезка: $B_2B_3=A_4B$ и B_2B_4. Длина первого отрезка равна высоте стойки, длина второго — ширине отлета.

Через точку B_3 по касательной к горловине проводят линию втачивания воротника в горловину. В месте пересечения этой линии с линией плеча ставят точку A_4'.

Передний конец воротника так же, как и линию отлета, определяют по модели. От модели зависит и положение точки B_7, которая определяет уступ лацкана.

Как и воротник костюмного типа, воротник-шальку строят непосредственно на чертеже переда лифа (рис. 59).

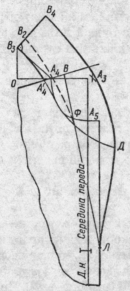

Рис. 59. Воротник типа шалька

Влево от точки A_4 на продолжении линии A_3A_4 откладывают отрезок, длина которого — половина длины горловины спинки, ставят точку О. Из точки О проводят перпендикулярную линию к отрезку A_4О. На этой линии откладывают величину подъема середины воротника. Данная величина зависит от осанки фигуры:

— 4 см для фигур сутулых и с высокими плечами;

— 5 см для нормальных фигур;

— 6 см для фигур перегибистых и с низкими плечами,

Получив при этом точку B_3, соединяют ее под линейку с точкой A_4. Из точки B_3 вверх перпендикулярно отрезку B_3A_4 проводят линию середины воротника.

Высота стойки $B_3B_2 = A_4B = 2—3$ см.

От точки A_4 откладывают вправо отрезок, длина которого равна от 2 до 3 см и ставят точку В. Соединяют ее под линейку с точкой Л (начало отворота борта). Точку пересечения линии ВЛ с линией горловины обозначают точкой Ф.

Ширина отлета — в соответствии с моделью, но не меньше чем $B_3B_2 + 3—4$ см.

У воротника-шальки классической формы линия отлета переходит в линию борта. Разнообразие форм этого воротника достигают различным оформлением линий отлета, борта и линии перегиба лацкана.

ВОРОТНИК-АПАШ

Воротник-апаш строится так же, как шалевый (рис. 60). На чертеже переда изделия находят начало отворота борта — точку Л. По плечевому шву от точки A_4 вправо откладывают отрезок длиной 3 см и ставят точку В. Точку В соединяют с Л. Прямая ЛВ пересекает линию горловины в точке Ф. Вверх от точки В откладывают отрезок, длина которого равна половине длины горловины спинки и ставят точку B_1. Из точки Ф через точку B_1 проводят дугу. На данной дуге откладывают отрезок B_1B_2 длиной 5 см. Точку В соединяют прямой линией с точкой B_2. Через точку B_2 перпендикулярно к прямой BB_2 проводят линию середины воротника. На линии середины воротника от точки B_2 вниз по перпендикуляру откладывают отрезок B_2B_3, длина которого равна A_4B, по перпендикуляру вверх откладывают отрезок B_2B_4, длина которого равна ширине отлета воротника (ширина по модели). Точка С — положение переднего конца воротника — зависит от модели. По модели проводят и линию отлета воротника B_4C и края воротника до линии перегиба. Через точку B_3 по касательной к горловине проводят линию втачивания воротника в горловину. $A_4A'_4=$ $=0,5—0,8$ см.

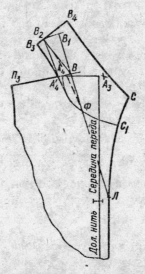

Рис. 60. Воротник типа апаш

ПЛОСКОЛЕЖАЩИЕ ВОРОТНИКИ (РИС. 61)

Плосколежащие воротники строят на горловине спинки (рис. 62) и переда. Для этого спинку и полочку совмещают по плечевым линиям так, чтобы вершины горловины (A_2 и A_4) совпадали, а точки вершины проймы спинки и полочки ($П_1$ и $П_{51}$) заходили одна на другую на $1,5—3$ см. Если заход будет больший, то увеличится высота стойки. Плосколежащим воротник будет при минимальном заходе. Вытачки на плечевых срезах спинки и полочки должны быть, при этом, закрытыми.

Рис. 61. Плосколежащие воротники

Глубина выреза горловины $A_5A_6=12$—14 см. Точку A_6 под линейку соединяют с точкой A_4. Линию A_6A_4

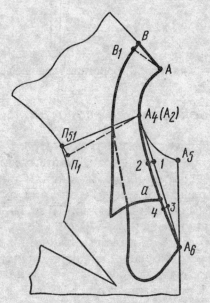

Рис. 62. Чертеж плосколежащего воротника

делят на 3 части и дают прогиб 1—2=1 см, 3—4=
=0,5 см.

Оформление воротника может быть таким, как показано на рис. 61, или по модели.

Добиться увеличения стойки воротника можно следующим образом: отложить от точки В вниз 1—2 см и полученную при этом точку $В_1$ соединить с точкой А.

ЮБКИ

Юбка — обязательный и незаменимый предмет в гардеробе любой женщины. Юбки очень практичны: в большинстве своем шьются из немнущихся тканей, и, кроме того, их можно надевать в сочетании с несколькими кофтами и блузами из вашего гардероба.

Не надо быть слишком наблюдательным, чтобы убедиться, насколько богато фасонное разнообразие юбок: прямые, в клинья, в сборки, с запахом, «солнце» и т. д. Однако по покрою юбки подразделяют на две группы: прямые и расклешенные. Группа прямого покроя имеет три разновидности, различающиеся одна от другой формой: собственно прямые, зауженные книзу и слегка расклешенные. Юбки, относящиеся к группе прямого покроя, могут быть либо облегающими по линии бедер, либо широкими — в складки, в сборки, с защипами, с запахом, гофрированные, на кокетке и др.

К расклешенным относятся юбки, составляющие полный круг или часть круга («солнце», «полусолнце»), и юбки в клинья. Особенностью является то, что выкройки для этих юбок не делают, их расчерчивают прямо на материале.

Несмотря на разнообразие фасонов юбок прямого покроя, их чертежи строятся на основе выкройки прямой двухшовной юбки.

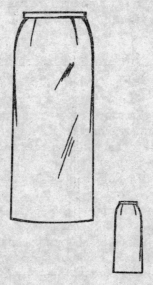

Рис. 63. Прямая двухшовная юбка

Для построения чертежа основы юбки вначале следует построить сетку и только потом — на ней чертеж.

Основные измерения, необходимые для построения сетки:

— полуобхват талии (Ст),

— полуобхват бедер (Сб),

— длина изделия (Дю).

Для типовой фигуры, размером 164-96-104, данные будут следующими: Ст=38 см; Сб=52 см; Дю=75 см. Прибавка на свободное облегание для всех размеров Пт=1 см; Пб=1—2 см.

Строят прямой угол с вершиной в точке Т (рис. 64).

Отрезок ТН соответствует длине юбки и является серединой заднего полотнища. Положение линии бедер на чертеже определяют отрезком ТБ.

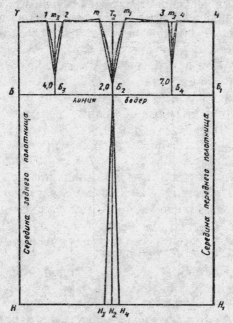

Рис. 64. Чертеж прямой двухшовной юбки

ТБ$=^1/_2×$Дтс$-2=^1/_2×43-2=19,5$ см.

Отрезок ТН равен 75 см.

Через полученные точки Б и Н к прямой ТН восстанавливают перпендикуляры. От точки Б по линии бедер откладывают отрезок, равный измерению полуобхвата бедер (Сб) плюс прибавка на свободное облегание по линии бедер и ставят точку Б$_1$.

ББ$_1=$Сб$+$Пб$=52+1=53$ см.

Через точку Б$_1$ проводят вертикальную линию, которая соответствует линии середины переднего полотнища юбки. Она пересекается с линией низа в точке Н$_1$.

От точки Б вправо по линии бедер откладывают

отрезок, равный половине полуобхвата бедер плюс прибавка на свободное облегание минус 1 см, ставят точку $Б_2$.

$ББ_2 = 1/2 \times (Сб + Пб) - 1 = 1/2 \times 53 - 1 = 25,5$ см.

Затем через точку $Б_2$ проводят вертикаль, пересекающуюся с линией низа в точке $Н_2$ и линией талии в точке $Т_2$.

На чертеже двухшовной юбки делают обычно три вытачки. Разницу между шириной юбки по линии бедер и талии забирают в вытачки. Сумму их растворов определяют следующим образом:

В = (Сб + Пб) − (Ст + Пт) + посадка.

Посадка юбки относительно пояса равна 0,5 см.

В = 53 − 39 + 0,5 = 14,5 см.

Раствор боковой вытачки равняется половине суммы растворов вытачек (7,2 см).

Произведя расчеты, проделывают следующее: от точки $Т_2$ по обе стороны откладывают по половине раствора боковой вытачки и ставят точки m и m_1.

$Т_2 m = m_1 T_2 = 7{,}2/2 = 3,6$ см.

Длину вытачки не доводят до линии бедер на 2 см. Затем определяют положение задней вытачки:

$ББ_3 = 0{,}4 \times ББ_2 = 0{,}4 \times 25{,}5 = 10{,}2$ см.

Из точки $Б_3$ вверх восстанавливают перпендикуляр до пересечения с горизонтальной линией, которая проходит из точки Т, и ставят точку m_2.

Раствор задней вытачки равен 0,3 суммы вытачек.

От точки m_2 в обе стороны по линии талии откладывают по половине раствора задней вытачки и ставят точки 1 и 2.

$$1m_2 = m_2 2 = \frac{0{,}3 \times 14{,}5}{2} = \frac{4{,}4}{2} = 2{,}2 \text{ см.}$$

Длину вытачки не доводят до линии бедер на 4 см. Дальше определяют положение передней вытачки:

$Б_2 Б_4 = 0{,}4 \times Б_1 Б_2 = 0{,}4 \times 27{,}5 = 11$ см.

Рассчитав переднюю вытачку, из точки $Б_4$ вверх

проводят перпендикуляр до пересечения с горизонтальной линией, проведенной из точки Т, и ставят точку m_3. От точки m_3 в обе стороны по линии талии откладывают по половине раствора передней вытачки.

$3m_3=m_34=1,5$ см.

Длину вытачки не доводят до линии бедер на 7 см.

Следует помнить, что все вытачки нужно оформлять плавными линиями. Верхний срез юбки оформляют в лекалах вогнутой линией при закрытых вытачках.

По линии низа юбки от точки H_2 вправо и влево откладывают по 2 см, и вновь образовавшиеся точки H_3 и H_4 соединяют с точкой $Б_2$.

МОДЕЛИРОВАНИЕ ЮБОК НА ОСНОВЕ ПРЯМОЙ ДВУХШОВНОЙ ЮБКИ. ПРЯМАЯ ОДНОШОВНАЯ ЮБКА СО СКЛАДКОЙ СБОКУ (РИС. 65)

Рис. 65. Прямая одношовная юбка со складкой сбоку

Юбку такого фасона обычно шьют из плотной шерстяной или другой ткани.

На основе прямой двухшовной юбки можно выполнить и одношовную юбку со складкой сбоку. На листе бумаги обводят основную выкройку переднего полотнища юбки в развернутом виде. На контур наносят линию бедер; низ юбки не расширяют. От низа до конца левой вытачки параллельно середине полотнища проводят линию разреза. Детали нумеруют.

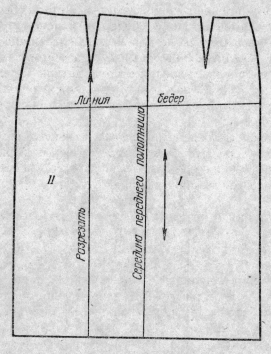

Рис. 66. Нанесение фасонной линии прямой одношовной юбки со складкой сбоку

Перед раскладкой выкройки на ткани определяют, достаточно ли материала на глубину складки. Для этого вычисляют разность между шириной ткани и полным обхватом бедер с прибавкой на свободное облегание. Если на складку остается более 12 см, то смело можно начинать раскладку.

В этом случае ткань разворачивают и по изнаночной стороне от левой кромки сначала откладывают половину глубины складки плюс 1,0—1,5 см (на шов) и проводят вертикальную линию. К ней кладут первую деталь выкройки, разрезанной по намеченной линии предполагаемой складки. Деталь обводят. Затем, совмещая линию бедер, к боковому срезу кладут развернутую деталь заднего полотнища. Выкройку обводят и к ее боковому срезу прикладывают также боковым срезом вторую деталь переднего полотнища. От второй детали по линии бедер вправо откладывают припуск на половину глубины складки и на шов.

Глубину складки по линии низа уменьшают на 1,5 см с каждой стороны (складки не будут раскрываться). Полученные точки соединяют с линией бедер под линейку и продолжают до линии талии.

ЮБКА С МЯГКО ДРАПИРУЮЩИМСЯ ЗАПАХОМ ПО ПЕРЕДНЕМУ ПОЛОТНИЩУ
(РИС. 67)

Выкройку переднего правого полотнища юбки строят в полном размере. Намечают линии подрезов (рис. 68), по которым будут проходить складки драпировки. Эти линии идут от бокового шва и низа юбки до вытачки на талии на расстоянии 5—6 см друг от друга. По фасону намечают скругленную линию низа.

Затем выкройку правого переднего полотнища

Рис. 67. Юбка с мягко драпирующимся запахом
по переднему полотнищу

разрезают по намеченным линиям и разводят на уста-
новленную величину (рис. 69) — 10—15 см.

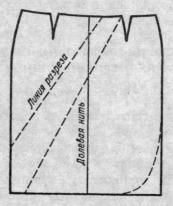

Рис. 68. Чертеж выкройки правого полотнища юбки
с линиями подрезов

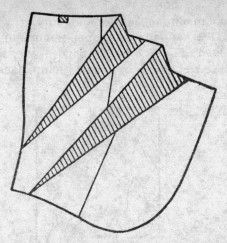

Рис. 69. Конструирование складок драпировки

После этого левое переднее полотнище юбки оставляют без изменения (с вытачками по талии). Заднее полотнище оставляют без изменений также.

ЮБКА С ПОДРЕЗНЫМИ КАРМАНАМИ
(РИС. 70)

Подрезы карманов на переднем полотнище проходят от линии талии до бокового среза; книзу юбка немного расширена.

Выкройку переднего полотнища юбки (рис. 71) с нанесением линии бедер переносят на лист бумаги, вытачку при этом не обводят. От середины полотнища по линии талии влево откладывают отрезок равный $1/4$ мерки полуобхвата талии:

$1/4$ Ст=38:4=9,5 см

В этой точке будет начинаться подрез кармана. Его оформляют плавной кривой, не доходящей по боковому срезу 4—8 см до линии бедер. От начала подреза влево откладывают 2,5—3 см, а по линии подреза — 13—14 см (длина вытачки). Вторую сторону вытачки оформляют плавной кривой, повторяющей линию подреза; стороны при этом выравнивают. Затем наносят размеры мешковины кармана: по линии талии — 3 см, по боковому срезу 8—12 см. Детали нумеруют и отмечают направление долевой нити.

Рис. 70. Юбка подрезными карманами

Необходимое количество материала:

шириной 75—90 см — две длины юбки плюс 15—20 см;

шириной 140 см — одна длина юбки плюс 20—25 см.

Раскрой ткани производят следующим образом: на лист бумаги переносят деталь мешковины кармана. Выкройку разрезают по вытачке и линии кармана. На ткань, сложенную вдоль, лицевой стороной внутрь, серединами к ее сгибу кладут выкройку заднего полотнища (по основному чертежу юбки) и первую деталь выкройки переднего полотнища;

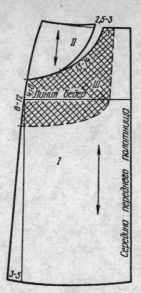

Рис. 71. Нанесение фасонных линий юбки с подрезными карманами

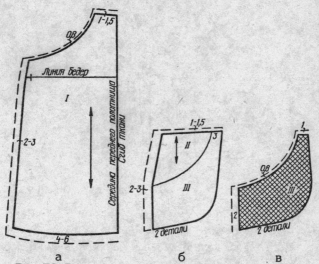

а   б   в

Рис. 72. Раскрой юбки с подрезными карманами:
а — переднее полотнище; б — боковая деталь; в — мешковина кармана

строго по намеченному направлению долевой нити располагают II деталь, совмещенную по линии подреза с III деталью. После этого делают припуски на швы и на подгиб низа. III деталь (мешковина) выкраивают либо из основной, либо из подкладочной ткани (рис. 72).

ЮБКА С ОБРЕЗНОЙ КОКЕТКОЙ ПО ЛИНИИ БЕДЕР (РИС. 73)

Обрезная кокетка в юбке на уровне 14—18 см по линии бедер. Верхний край переднего и заднего полотнищ юбки — в мелкие складки глубиной 4 см каждая. Посередине кокетки переда и переднего полотнища юбки — застежка на пуговицах.

Рис. 73. Юбка с обрезной кокеткой по линии бедер

На выкройку переднего полотнища юбки наносят линию кокетки (рис. 74). До этой линии удлиняют вытачку. Отрезают по линии кокетки нижнюю часть переднего полотнища. Вытачку на кокетке переднего полотнища закрывают. Стороны ее сближают, но не накладывают друг на друга. Плавными линиями оформляют верхний и нижний края кокетки. По нижнему краю кокетки намечают контрольные метки расположения складок переднего полотнища юбки. На уровне этих меток выкройку раздвигают на величину глубины складок (по 4 см на каждую). Откладывают от середины передней половины кокетки и переднего полотнища юбки величину полузаноса юбки под застежку шириной 4 см (рис. 75).

Рис. 74. Переднее полотнище юбки

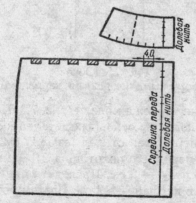

Рис. 75. Конструирование складок

Наносят на выкройку заднего полотнища юбки линию кокетки. Она должна проходить через нижний конец вытачки. Нижнюю часть заднего полотнища юбки отрезают по линии кокетки. Вытачку, сближая стороны, закрывают. Плавными закругленными линиями оформляют верхний и нижний края кокетки. Намечают по нижнему краю кокетки контрольные метки расположения складок заднего полотнища юбки. Выкройку на уровне этих меток раздвигают на величину глубины складок — по 4 см каждая.

ЮБКА С ПРОРЕЗНЫМИ НАКЛАДНЫМИ КАРМАНАМИ (РИС. 76)

Рис. 76. Юбка
с прорезными накладными карманами

Построение чертежа модели (рис. 77). Первым делом обводят контуры основных деталей юбки, наносят линии бедер. Затем откладывают 17 см посередине заднего и переднего полотнища. Ширина кокетки по боковому срезу — 6 см. Проводят линию кокетки. Длина входа в карман — 12 см. Поэтому от бокового среза переднего полотнища по намеченной линии кокетки откладывают 12 см. А по боковому срезу от линии кокетки вниз откладывают 22 см и проводят линию входа в карман.

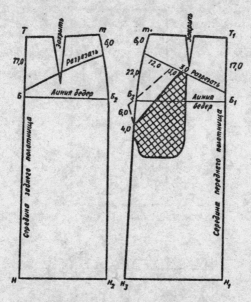

Рис. 77. Построение чертежа юбки
с прорезными накладными карманами

Обычно прорезной карман оформляют слегка отстающей бейкой. Ширина бейки по боковому срезу 6 см, по кокетке — 3 см. Наносят размеры мешковины кармана. Они следующие: по линии кокетки 3 см, по боковому срезу — 4 см. Разрезают лекала по линии кокетки; вытачки на кокетке закрывают, а на переднем полотнище вытачку предварительно удлиняют до линии кокетки.

ОДНОШОВНАЯ ЮБКА, СУЖИВАЮЩАЯСЯ КНИЗУ
(РИС. 78)

Рис. 78. Модель одношовной юбки, суживающейся книзу

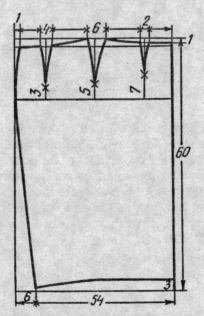

Рис. 79. Выкройка одношовной юбки, суживающейся книзу

Для придания юбке суживающейся книзу формы заднее полотнище юбки заужают по низу на 4—10 см (рис. 79). Чтобы юбка правильно облегала фигуру по линии талии, выемку по заднему полотнищу углубляют до 4 см, а середину переднего полотнища юбки по низу поднимают на 3 см и проводят плавную линию. Верхний срез переднего полотнища посередине углубляют на 1 см.

В том случае, если юбка должна быть удлиненной, в шве заднего полотнища возможна шлица.

Фигурам с узкими бедрами прибавку на свободное облегание можно увеличить до 3—4 см и вместо глухих вытачек заложить по линии талии мягкие складки.

ЮБКА «ПОЛУСОЛНЦЕ»-КЛЕШ С ОДНИМ ШВОМ
(РИС. 80)

Рис. 80. Юбка клеш

Для расчета данной юбки нужны следующие измерения: Ст (38); Дю (70); прибавка на свободное облегание Пт для всех размеров — 1 см.

Первым делом находят радиус выемки для талии. Он равен $1/3$ мерки полуобхвата талии с прибавкой на свободное облегание по линии талии, умноженной на 2, минус 2 см:

$$R = (Ст + Пт):3 \times 2 - 2 = (38 + 1):3 \times 2 - 2 = 24 \text{ см.}$$

Покупать количество ткани для юбки клеш с одним швом необходимо исходя из следующих соображений: ткани шириной 90 см требуется две длины юбки плюс два радиуса выемки для талии плюс 5—6 см.

При раскрое ткань складывают поперек лицевой стороной внутрь. Из угла (точка А, рис. 81) полученным при расчете радиусом проводят дугу от сгиба до кромки. В целях равномерного расположения складок глубину выемки по долевой нити увеличивают на 1 см, по поперечной — на 2 см. Плавной кривой, соединяющей точки 1 и 2, оформляют верхний срез. От него откладывают длину юбки плюс 2—3 см для припуска на подгиб.

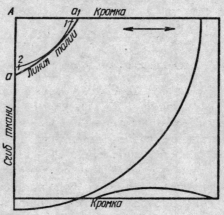

Рис. 81. Раскрой юбки клеш «полусолнце» с одним швом

104

В том случае, если длина юбки не проходит по ширине ткани, по низу притачивают надставку. Выкраивают ее из одного слоя ткани и соединяют с основной деталью по долевой нити.

Для данного фасона юбки не подойдут ткани с односторонним направлением рисунка или ворса, а также ткань с асимметричной клеткой.

ЮБКА-БРЮКИ (РИС. 82)

Кроме измерений, необходимых для построения чертежа юбки, в этом случае требуется дополнительная величина Вс — глубина сидения. Юбку-брюки рекомендуют делать с расширением книзу — за счет частичного или полного закрытия вытачек.

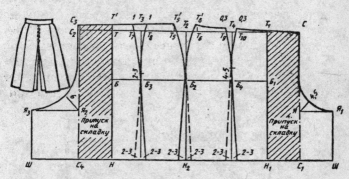

Рис. 82. Моделирование юбки-брюк на основе юбки

К переднему и заднему полотнищам юбки делают прибавки на складку: $T_1C=TC_2=12$—14 см; проводят вертикальные линии от точек С и C_2 до низа.

Рассчитывают линию сидения: $СЯ=C_2Я_2=Вс+1$ см; для передней половины: $ЯЯ_1=Сб:4$. На биссектрисе угла Я откладывают 4,5 см; соединяют верхнюю часть вертикали СЯ с точкой $Я_1$ плавной линией; от точки $Я_1$ вниз проводят вертикальную линию; для задней половины $Я_2Я_3=Сб:4+4$ см. На биссектрисе угла $Я_2$ откладывают 6 см; верхнюю часть вертикали

$C_2Я_2$ соединяют с точкой $Я_3$; от точки $Я_3$ проводят вниз вертикальную линию.

Соединяя все точки горизонталью, отмечают линию низа.

Удлинение посередине заднего полотнища: $C_2C_3=$ $=1$ см.

Линию среза талии оформляют так же, как на основе юбки.

Отмечают расположение застежки.

БРЮКИ

ПОСТРОЕНИЕ ЧЕРТЕЖА ОСНОВЫ КОНСТРУКЦИИ ЖЕНСКИХ БРЮК (РИС. 83)

Основные измерения фигуры:
— полуобхват талии (Ст),
— полуобхват бедер (Сб),
— длина брюк (Дб).
Дополнительные мерки:
— обхват бедра (Об),
— обхват колена (Ок),
— обхват щиколотки (Ощ),
— длина слонки. Эту величину получают, измерив расстояние фигуры от линии талии сзади через пах до линии талии спереди;
— прибавки на свободное облегание по талии, бедрам, обхвату бедра;
— ширина брюк в низках (Шн) и в области колена (по модели).

Мерки, необходимые для построения чертежа основы конструкции женских брюк 46 размера: Ст=36,5 см; Сб=50 см; Дб=104 см; Об=56 см; Ок=48 см; Ощ=28 см.

Прибавка на свободное облегание брюк по талии: 0,5—1,5 см (в зависимости от степени прилегания брюк); прибавка в области бедер: 0,5—2,5 см.

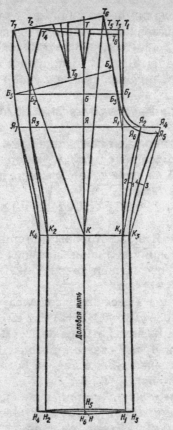

Рис. 83. Чертеж основы конструкции женских брюк

Строят две взаимно перпендикулярные линии. Точку пересечения обозначают Т. На прямой от точки Т вниз откладывают отрезки: ТН (длина брюк), ТЯ (длина сидения):

ТН=Дб=104 см;

ТЯ=Сб:2+1,5 см=50:2+1,5 см=26,5 см.

Линию бедер на чертеже определяет точка Б. Вверх от точки Я отмеряют отрезок:

ЯБ=ТЯ:3=26,5:3=8,8 см.

Точка К, определяющая уровень линии колена, зависит от модели: в узких брюках она соответствует середине расстояния от линии бедра до низа:

БК=БН:2−(2−5 см)=86:2−4=39 см.

Через точки Б, Я, К, Н проводят соответственно линии бедер, сидения, колена, низа.

Ширина передней половинки брюк на линии сидения равна половине суммы мерки полуобхвата бедер с прибавкой на свободное облегание плюс $1/_{10}$ мерки полуобхвата талии:

(Сб+Пб):2+0,1Ст=(50+2):2+0,1×36,5=26+3,6= =29,6 см.

От точки Я в обе стороны по горизонтали откладывают половину величины ширины передней половинки брюк, обозначают точки $Я_2$ и $Я_3$:

$ЯЯ_2=ЯЯ_3$=14,8 см.

Ширину шага рассчитывают следующим образом: $Я_2Я_1$=0,1(Сб+Пб)=0,1(50+2)=5,2 см.

От точки $Я_2$ влево отмеряют 5,2 см и ставят точку $Я_1$. От точек $Я_3$ и $Я_1$ вверх проводят перпендикуляры. На пересечении их с линией бедер и линией талии ставят точки $Б_2$, $Т_2$, $Б_1$, $Т_1$.

Для определения ширины передней половинки брюк по линии талии от точки $Т_1$ влево по горизонтальной линии откладывают отрезок $Т_1Т_3$, величина которого от 1 до 2 см в зависимости от полноты фигуры. Отрезок $Т_1Т_3$ в данном случае составит 1,2 см. Ширина передней половинки брюк на линии талии будет равна половине суммы полуобхвата талии и прибавки по талии минус 1 см плюс припуск на вытачку (2−5 см):

(Ст+Пт):2−1+Пр=(36,5+1):2−1+3=20,8 см.

Величину ширины передней половинки брюк по талии откладывают от точки $Т_3$ влево и получают точку $Т_4$:

$Т_3Т_4$=20,8 см.

По сгибу брюк обычно расположена вытачка. Раствор ее на линии талии равен 3 см, длина — 8—10 см.

Чтобы занизить талию посередине переда, определяют точку T_8. Она находится от точки T_3 вниз по перпендикуляру: $T_3T_8=1$ см. Выравнивая стороны вытачки, оформляют линию талии. Через точки T_8, $Б_1$, $Я_2$ плавной линией оформляют линию среднего среза брюк.

Ширину передней половинки брюк внизу рассчитывают следующим образом:

$Шн-2$ см$=24-2$ см$=22$ см.

Влево и вправо от точки Н откладывают по половине отрезка ширины передней половинки брюк и ставят точки $Н_1$, $Н_2$. $НН_2=НН_1=11$ см.

Ширина брюк по линии колена равна $К_1К_2=20$ см:
$КК_2=КК_1=10$ см.

В зависимости от модели ширина брюк по линии колена может меняться.

Проводят вспомогательные линии, которые соединяют точки $Я_3$ с $К_2$ и $Я_2$ с $К_1$. Последний отрезок делят пополам точкой 1. Затем из нее проводят перпендикулярную линию влево и откладывают на ней отрезок 1—2 длиной 1 см. Соединяют плавной линией точки $Я_2$, 2, $К_1$, $Н_1$ и получают шаговой срез брюк. Плавной кривой через точки $Т_4$, $Б_2$, $Я_3$, $К_2$ и $Н_2$ оформляют боковой срез брюк.

Для определения линии низа находят точку $Н_5$. Она находится от точки Н вверх на 1 см. Соединяют плавной вогнутой линией точки $Н_2$, $Н_5$, $Н_1$ и получают линию низа.

ПОСТРОЕНИЕ ЧЕРТЕЖА ЗАДНЕЙ ПОЛОВИНКИ БРЮК

Положение среднего среза на линии талии определяет отрезок $ТТ_5$, равный $ТТ_1:2+1$ см:

$ТТ_5=10,5:2+1$ см$=6,2$ см.

Вправо из точки Т откладывают 6,2 см и ставят точку $Т_5$. На вертикали, проведенной от точки $Т_5$ вверх, откладывают отрезок T_5T_6. Этот отрезок определяет посадку брюк:

$T_5T_6 = 0,1 C6 + 1,5$ см $= 0,1 \times 50 + 1,5$ см $= 6,5$ см.

Вспомогательной прямой соединяют точки T_6 и $Я_1$. На месте пересечения вспомогательной прямой с линией бедер ставят $Б_3$.

$Я_1Я_4$ — ширина шага задней половинки брюк. Рассчитывают ее следующим образом:

$Я_1Я_4 = 2Я_1Я_2 = 2 \times 5,2 = 10,4$ см.

Ширина шага задней половинки на линии бедер соответствует отрезку $Б_3Б_5$:

$Б_3Б_5 = (C6 + П6) - Б_1Б_2 = (50 + 2) - 25 = 52 - 25 = 27$ см.

Из точки $Б_3$ по горизонтальной линии влево откладывают отрезок $Б_3Б_5$. Из точки $Б_5$ проводят перпендикуляр к отрезку $T_6Я_1$. В точке пересечения ставят $Б_4$. Линия $Б_5Б_4$ соответствует линии бедер задней половинки брюк.

Определяют ширину задней половинки брюк по линии талии T_6T_7:

$T_6T_7 = (Ст + Пт):2 + 1$ см $+ Пр$,

1 см — разница между шириной задней и передней половинок на линии талии;

Пр — припуск на вытачку (4 см).

Отсюда: $T_6T_7 = 37,5:2 + 1 + 4 = 23,8$ см.

Положение точки T_7 находят пересечением двух дуг: дуги из точки T_6 радиусом T_6T_7 и дуги из точки К радиусом, равным KT_6.

Чтобы определить ширину задней половинки брюк на уровне колена (К), к чертежу добавляют отрезки $К_1К_3 = 2$ см и $К_2К_4 = 2$ см.

Ширина задней половинки брюк на уровне колена составляет:

$К_3К_4 = К_1К_2 + 4$ см $= 20 + 4 = 24$ см.

Ширину задней половинки брюк по линии низа увеличивают относительно передней половинки на отрезки, равные $Н_2Н_4 = Н_1Н_3 = 2$ см.

$НН_4 = НН_3 = НН_2 + 2$ см $= 13$ см.

Чтобы легче было оформить боковой и шаговой срезы, проводят вспомогательные линии, которые соединяют точки $Б_5$ с $К_4$ и $Я_4$ с $К_3$. Образовавшийся отрезок $Я_4К_3$ разделяют на две равные части точкой 3. Из точки 3 проводят перпендикулярную линию и откладывают на ней отрезок 3—4, равный 2 см. После этого плавной линией соединяют точки $Т_6$, $Б_3$ и $Я_5$ и получают линию среднего среза задней половинки брюк.

Шаговый срез оформляют вогнутой линией от точки $Я_5$, 4, $К_3$ и от $К_3$ до $Н_3$ по прямой, а боковой — плавной кривой через точки $Т_7$, $Б_5$, $К_4$, $Н_4$.

От точки Н вниз отмеряют 1 см и обозначают точкой $Н_6$. Затем плавной выпуклой кривой соединяют точки $Н_4$, $Н_6$ и $Н_3$ и получают линию низа.

МОДЕЛИРОВАНИЕ БРЮК. БРЮКИ С МЯГКИМИ СКЛАДКАМИ У ЛИНИИ ТАЛИИ (РИС. 84)

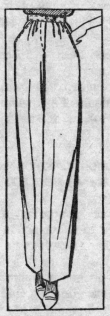

Рис. 84. Брюки с мягкими складками у линии талии

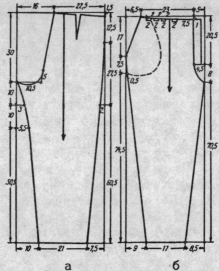

Рис. 85. Чертеж брюк с мягкими складками у линии талии:
а — задняя половина; б — передняя половина

Размеры: объем талии — 76 см; объем бедер — 102 см; рост — 168 см.

Брюки объемные в верхней части с мягкими складками у притачного пояса. Внутренние карманы с косыми верхними срезами. Застежка по переду на замок-молнию.

БРЮКИ ПРЯМОГО СИЛУЭТА УКОРОЧЕННЫЕ, С ОТВОРОТАМИ ПО НИЗУ (РИС. 86)

Чтобы изготовить выкройку этих брюк, можно воспользоваться выкройкой-основой брюк, которую следует перенести с чертежа на чистый лист бумаги.

На выкройке передней половинки брюк (рис. 87 а) отмечают линию низа. Линия низа находится на 10 см выше линии колена. Дальше следует раздвинуть чертеж по линиям талии, бедер и низа. Выкройку разрезают по линии долевой нити и раздвигают на 6 см от верха до низа равномерно.

Рис. 86. Брюки прямого силуэта укороченные, типа «бермуды», с отворотами по низу

В результате раздвижки по линии талии образовывается дополнительная ширина на две складки-защипы. Глубина складок — вытачка на талии плюс величина расширения передней половинки брюк. Глубина одной складки примерно 3,5—4 см, расстояние между складками — 2,5 см.

Проводят новые линии бокового и шагового срезов от линии бедра и точки $Я_2$, намечают место расположения наклонного бокового кармана.

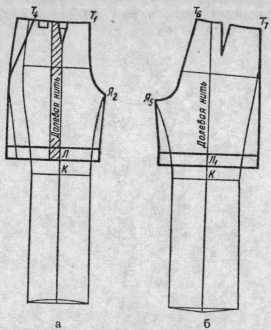

Рис. 87. Чертеж брюк прямого силуэта, укороченных:
а — передняя половина; б — задняя половина

На задней половинке брюк (рис. 87 б) намечают линию низа, которая определяется отрезком КЛ₁. Через точку Л₁ проводят горизонтальную линию, выводя ее за боковой и шаговой срезы. Проводят спрямленные линии этих срезов. Верхнюю часть задней половинки брюк не изменяют.

ПОДГОТОВКА ИЗДЕЛИЯ К ПРИМЕРКЕ

Перед тем как окончательно сшить изделие, его необходимо сметать и примерить — хорошо ли оно сидит. Возможно, придется сделать некоторые поправки.

Порядок сметывания изделия.

1. Сколоть булавками и сметать все складки и вытачки; там, где это необходимо, сделать сборки;

2. Сметать на столе длинные срезы;

3. Если в изделие необходимо внести какие-то изменения, наметку удалить и сметать детали снова в нужном месте;

4. Поперечные швы выполнять в последнюю очередь, после того, как сметаны швы, идущие сверху вниз;

5. В целях предотвращения растяжения проймы или горловины, прострочить на машине несколько раз около края.

ПРИМЕРКА

Цель примерки:
— уточнить посадку изделия на фигуре;
— уточнить формы и пропорции изделия с учетом индивидуальных особенностей фигуры;
— уточнить формы, размер и размещение отделочных деталей изделия.

Следует обязательно обратить внимание на левую и правую стороны изделия. Дело в том, что у многих людей асимметричная фигура, и размеры на левой и правой сторонах различны.

Обычно примерка делается по правой стороне фигуры (рис. 88), но если фигура асимметрична — на правой и левой стороне отдельно.

Во время примерки под рукой должны быть булавки, портновский мел или кусочек сухого мыла. При помощи их делаются различного рода пометки.

Порядок проведения примерки плечевого изделия.

1. Надеть изделие; сколоть застежку по линии полузаноса, начиная от талии, вверх и вниз; проверить, чтобы полы изделия не расходились и не за-

ходили одна на другую. Борта должны лежать отвесно.

2. Стянуть пояс в кулиске, завязать его и распределить сборки. При отрезной талии проверить ее горизонтальное положение.

Рис. 88. Примерка изделия

3. Проверить положение средних линий переда и спинки относительно центра фигуры.

4. Проверить ширину изделия по всем горизонтальным линиям — груди, талии, бедер, низа. Проверить количество и равномерность сборок на оборках, рюшах.

5. Проверить положение складочек или сборок из горловины, из-под кокеток.

6. Проверить положение плечевых швов, чтобы они не были смещены к переду или спинке, чтобы не было заломов у проймы.

7. Проверить положение, глубину и длину вытачек.

8. Проверить форму, глубину выреза горловины; наметить линию выреза мелом или булавками.

9. Проверить форму передних концов воротника.

10. Завязать бант, проверить форму, длину и ширину концов.

11. Уточнить длину плечевого шва; мелом или булавками наметить линию вметывания рукава.

12. Вколоть рукав в пройму так, чтобы точка вершины оката совмещалась с плечевым швом.

13. Уточнить длину и ширину рукава, линию низа.

14. Уточнить длину изделия.

15. Проверить высоту оборки.

16. Проверить расположение карманов.

17. Наметить места расположения петель.

ДЕФЕКТЫ КРОЯ И СПОСОБЫ ИХ УСТРАНЕНИЯ

В зависимости от вида и характера конструктивные дефекты можно отнести к трем группам:

первая группа — дефекты, вызванные неточностью создания общей формы конструируемого изделия;

вторая группа — дефекты, связанные с несоответствием одежды фигуре в статике;

третья — несоответствие одежды фигуре при движении человека.

ДЕФЕКТЫ, ВЫЗВАННЫЕ СОЗДАНИЕМ ФОРМЫ ИЗДЕЛИЯ

Главным условием хорошо разработанной конструкции является:

— правильный выбор и точное распределение прибавок на свободное облегание в соответствии с измерениями фигуры;

— правильное определение конфигурации деталей и линий членения;

— правильное определение места расположения складок, рельефов, подрезов и других линий.

Неправильное определение величины прибавок к основным конструктивным линиям искажает форму изделия. Очень важным является правильное распределение величины прибавки к полуобхвату груди (Пг), так как от этого зависит характер распределения прибавки вообще. С увеличением прибавки к полуобхвату груди процент прибавки к ширине проймы уменьшают. Величина прибавок определяется также с учетом глубины проймы: больше глубина — меньше процент прибавки на ширину проймы.

Важным условием является правильное расположение боковых швов, расположения фалд, складок, сборок.

ДЕФЕКТЫ ОДЕЖДЫ НА ФИГУРЕ В СТАТИЧЕСКОМ СОСТОЯНИИ

Говоря, что изделие хорошо «сидит» на фигуре, подразумевается, что отсутствуют различного рода заломы, перекосы, морщины, положение линии низа горизонтальное и т. д. Если этого нет, значит, допущены ошибки и необходимо исправить их.

Какие же дефекты встречаются чаще всего?

1. Пройма спинки отстает и не прилегает к фигуре (рис. 89). Причиной этого дефекта явилось то, что при конструировании не были учтены особенности фигуры, а именно: выступающие лопатки и низкие плечи. Для устранения данного дефекта необходимо увеличить раствор вытачки или сделать дополнительную посадку плечевого среза спинки, используя запас ткани по пройме.

Рис. 89. Дефект края проймы спинки и его устранение

2. Пройма переда (полочки) отстает и не прилегает к фигуре (рис. 90). Причин этого дефекта две: завышена вершина проймы полочки и недостаточный раствор нагрудной вытачки. Для увеличения нагрудной вытачки используют запасы ткани, данные при раскрое. А уменьшить высоту проймы можно, забрав излишки ткани у вершины проймы полочки. Если есть необходимость, пройму углубляют.

Рис. 90. Дефект края проймы переда
и его устранение

3. Горизонтальные заломы от плечевого шва к горловине спинки (рис. 91). Дефект вызван недостаточной шириной горловины спинки. Для его устранения плечевой срез спинки передвигают относительно переда в сторону середины спинки. Лишнюю ткань по горловине срезают. Запас ткани по пройме следует выпустить.

Рис. 91. Дефект края горловины спинки и его устранение

4. Наклонные заломы на переде от вершины плечевого шва и горловины (рис. 92). Данный дефект может быть вызван тремя причинами:

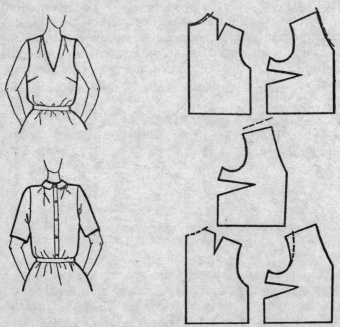

Рис. 92. Устранение наклонных заломов на переде изделия

а) несоответствие ширины горловины обхвату шеи;

б) недостаточная длина воротника по срезу стойки;

в) вершина горловины занижена.

Для устранения данного дефекта можно воспользоваться следующими способами:

а) ширину горловины увеличить;

б) воротник увеличить;

в) высоту горловины увеличить за счет запаса ткани у вершины горловины;

г) плечевые срезы полочки относительно спинки передвинуть, при этом выпуская полочку в пройму, спинку — в горловину.

5. Горизонтальный залом на лифе в виде напуска (рис. 93). Причина данного дефекта — слишком длинный перед лифа. Длину лифу придало то, что высота горловины и проймы увеличена. Главная задача при устранении этого дефекта — уменьшить длину переда лифа. Делают это следующим образом:

— забирают излишки ткани по всей длине плечевого среза;

— углубляют пройму и горловину;

— срезают перед по линии талии за счет уменьшения раствора нагрудной вытачки (при необходимости).

Рис. 93. Устранение горизонтального залома
в виде напуска на лифе изделия

6. Наклонные заломы от передней вытачки вверх (рис. 94). Причина дефекта — увеличен раствор вытачки. Главная задача при устранении дефекта —

уменьшить раствор вытачки. Добиться этого можно двумя способами: забрать излишки ткани в боковой шов или сделать еще одну вытачку.

Рис. 94. Устранение наклонных заломов
от передней вытачки вверх

7. Плечевые швы перемещаются в сторону переда, спинка при этом вздергивается (рис. 95). Возник дефект в связи с заниженой вершиной горловины и недостаточной высотой проймы переда. Для его устранения целесообразно предпринять следующие действия: удлинить перед лифа за счет выпуска запаса ткани по всей длине плечевого среза и по вырезу горловины. Если данное действие результата не принесло, необходимо боковые срезы переда сместить относительно спинки: перед поднять вверх и на такую же величину углубить пройму и удлинить перед.

8. Наклонные заломы от бокового шва вверх в области талии (рис. 96). Причина данного дефекта — увеличен раствор вытачки бокового шва. Устранить дефект можно, выпустив запас ткани по боковому шву в области талии. В случае безрезультативности данных мер, необходимо увеличить на такую же величину раствор передней вытачки или сделать еще одну вытачку.

9. В изделиях прилегающей формы — наклонные заломы от вытачек и боковых швов (рис. 97). Причина данного дефекта одна — завышена линия талии.

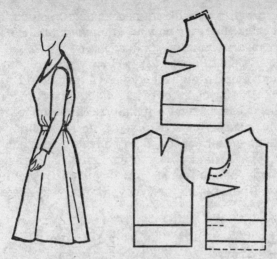

Рис. 95. Устранение дефекта при перемещении плечевых
швов в сторону переда

Рис. 96. Устранение наклонных заломов от бокового шва
в области талии

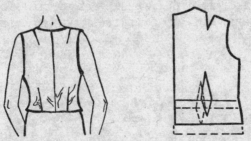

Рис. 97. Устранение наклонных заломов от вытачек
и боковых швов в изделиях прилегающей формы

Для устранения дефекта необходимо вытачки и боковые срезы обметить по новой линии талии. Не забудьте при этом удлинить низ изделия.

10. Плечевые швы перемещаются в сторону спинки, перед при этом вздергивается (рис. 98). Причиной дефекта явилось несоответствие длины спинки фигуре. Основная задача — удлинить спинку. Сделать это можно, выпустив запас ткани по горловине и всей длине плечевого среза. В том случае, если запаса недостаточно, спинку можно удлинить за счет припуска внизу, поднимая ее при этом по боковому шву вверх. Пройму следует углубить на такую же величину.

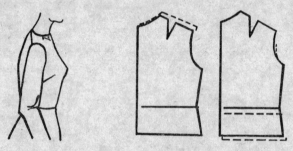

Рис. 98. Устранение дефекта при перемещении плечевых швов в сторону спинки

11. Линия рельефа выше выпуклости груди (рис. 99). Причина данного дефекта заключается в короткой нагрудной вытачке (рельефной). Устранить дефект можно, удлинив вытачку до высокой точки груди.

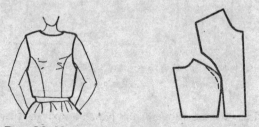

Рис. 99. Устранение дефекта линии рельефа

12. Вздергивается низ рукава (рис. 100). Причина заключается в коротком окате рукава. Задача — увеличить высоту оката рукава. Сделать это можно за счет припуска по окату или низа рукава.

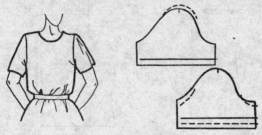

Рис. 100. Устранение дефекта, при котором вздергивается низ рукава изделия

13. Поперечные заломы на передней части оката (рис. 101). Данный дефект может быть вызван двумя причинами:

— окат рукава узок;

— рукав вметан неправильно.

Если окат рукава узок, необходимо его расширить, если неверно вметан — сместить высшую точку оката рукава.

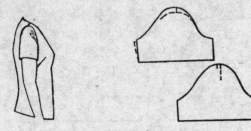

Рис. 101. Устранение поперечных заломов на передней части оката рукава

14. Полочки далеко заходят одна за другую (рис. 102). Причина дефекта в том, что величина длины переда

до талии уменьшена. Для устранения данного дефекта необходимо выпустить запас горловины полочки и плечевого среза по всей длине.

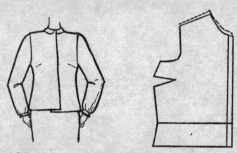

Рис. 102. Устранение дефекта захождения полочек одна на другую

15. Полочки расходятся внизу (рис. 103). Причина дефекта — увеличение размера длины переда до талии и уменьшение величины измерения обхвата бедер. Чтобы уменьшить размер длины переда до талии, необходимо забрать излишки в плечевой шов со стороны полочки и углубить вырез горловины. Сделать изделие шире по линии бедер можно, выпустив запасы из бокового шва.

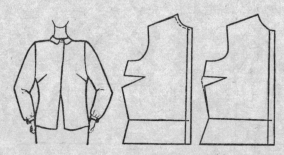

Рис. 103. Устранение дефекта расхождения полочек

ОБРАБОТКА И СОЕДИНЕНИЕ ОСНОВНЫХ ДЕТАЛЕЙ ИЗДЕЛИЯ

Убедившись во время примерки в том, что изделие хорошо сидит на фигуре, приступают к обработке деталей и сборке изделия.

Последовательность обработки:

— обработать вытачки, складки, фасонные линии;

— настрочить накладные карманы, клапаны, обработать прорезные карманы (если таковые предусмотрены) и т. д.;

— обработать вытачку, шов и низ рукавов;

— стачать плечевые срезы со стороны полочки;

— втачать воротник или обработать горловину, обработать застежки на полочке или спинке;

— стачать боковые срезы;

— обработать низ изделия (подогнуть, наметать и подшить);

— втачать рукава;

— соединить лиф с юбкой;

— изделие тщательно отутюжить;

— пришить пуговицы, кнопки, крючки.

ОБРАБОТКА ВЫТАЧЕК

Вытачки придают плоским деталям объемные формы фигуры человека. Однако кроме конструктивного назначения они иногда используются как декоративные элементы.

Перед обработкой деталь с вытачкой складывают лицевой стороной внутрь по средней линии вытачки. При этом необходимо следить, чтобы стороны вытачки совместились. Вытачки, расположенные от срезов деталей (рис. 104 а) и сходящие в концах на нет, стачивают, начиная от срезов детали по направлению к вершине вытачки по стороне, расположенной менее косо. Вытачки, расположенные в середине детали (талиевая вытачка неотрезного платья), стачивают от одного из ее концов (рис. 104 б).

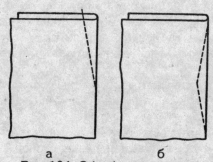

а   б
Рис. 104. Обработка вытачек:
а — расположенной от срезов деталей и сходящей на нет;
б — расположенной в середине детали

Нитки в конце вытачки закрепляют обратной машинной строчкой или просто завязывают на узелок. Вытачку и шов приутюживают. Вытачки, расположенные в середине детали, перед тем как отогнуть и заутюжить, оттягивают.

Запас вытачек заутюживают в зависимости от положения вытачек: вертикальные заутюживают запасом к середине изделия, горизонтальные или наклонные — запасом вверх. В том случае, если заутюженный вверх запас выходит в пройму (при обработке нагрудной вытачки), его заутюживают вниз либо срезают, оставляя при этом припуск шириной 1,5 см.

В некоторых случаях вытачки разутюживают. Примером этого служат вытачки, которые на линии талии переходят в складки (рис. 105). При обработке этих вытачек сгиб посередине вытачки совмещают со швом стачивания, а запас раскладывают по обе стороны от шва.

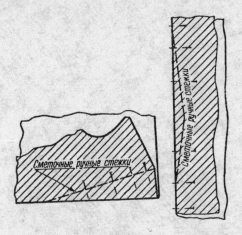

Рис. 105. Обработка вытачек, переходящих в складки

ОБРАБОТКА ПЛЕЧЕВЫХ ШВОВ

При обработке плечевых швов полочку и спинку складывают лицевыми сторонами внутрь, срезы уравнивают, сметывают, посаживая спинку. Сметывание начинают на расстоянии 1,5—2 см от горловины и заканчивают на расстоянии 3—4 см от среза проймы. Стачивают со стороны переда одной или двумя строчками. В том случае, если стачивают двумя строчками (рис. 106 а), швы располагают на расстоянии 0,1—0,15 см один от другого и не более. После стачивания плечевые швы подвергают тепловой обработке. В зависимости от модели их либо заутюживают (рис. 106 б), либо разутюживают (рис. 106 в).

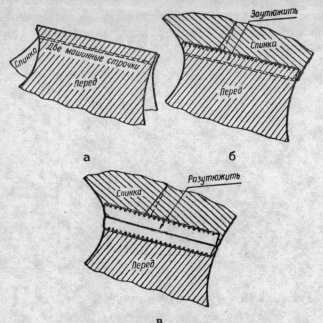

Рис. 106. Обработка плечевых швов:
а — стачивание; б — заутюживание; в — разутюживание

ОБРАБОТКА БОКОВЫХ ШВОВ

Чтобы соединить боковые срезы изделия, складывают перед или полочки со спинкой лицевыми сторонами внутрь. Срезы уравнивают и сметывают со стороны переда (рис. 107). Стачивают швом шириной 1—1,5 см. Боковые швы обметывают и разутюживают. В зависимости от модели боковые швы в изделиях из шерстяных и шелковых тканей могут быть заутюжены. В этом случае обметывают оба среза вместе.

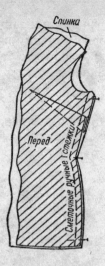

Рис. 107. Обработка боковых швов

ОБРАБОТКА ВОРОТНИКОВ
И СОЕДИНЕНИЕ ИХ С ГОРЛОВИНОЙ

ОБРАБОТКА ВТАЧНОГО ВОРОТНИКА

Верхний и нижний воротник складывают лицевыми сторонами внутрь. Отлет воротника или верхний срез и концы обтачивают со стороны нижнего воротника. Ширина шва — 0,5 см. Шов в углах подрезают, но не до конца, оставляют 0,3 см. В некоторых случаях (изделия из шерстяных, шелковых и трикотажных тканей) шов обтачивания воротника настрачивают на нижний воротник. Воротник вывертывают и выметывают со стороны нижнего воротника с образованием канта из верхнего воротника шириной 0,1—0,2 см. По стойке, на расстоянии 0,6—0,7 см от края, прокладывают машинную либо ручную строчку. Воротник приутюживают.

В том случае, если воротник должен быть с прокладкой, то, обтачивая его, притачивают и прокладку. Ее накладывают на изнанку верхнего воротника. При этом верхний воротник расправляют так, чтобы он был свободнее прокладки и нижнего воротника.

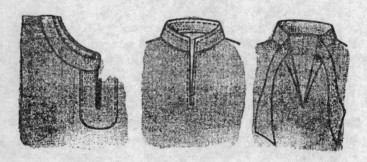

Рис. 108. Соединение воротника-стойки с изделием

В зависимости от качества ткани существуют некоторые различия в соединении воротника с горловиной. Если ткань тонкая, то при соединении воротника с горловиной подборта или припуски на обработку бортов, заменяющие подборта, делают узкими для того, чтобы внутренний край подборта или припуска борта полочки перекрывал точку уступа не менее чем на 1,5—3 см. Предварительно борта должны быть обработаны.

Воротник с изделием складывают следующим образом: лицевая сторона нижнего воротника к лицевой стороне изделия. Срезы уравнивают и начинают вметывать воротник. На участке плечевых швов воротник немного посаживают. Втачивают воротник в горловину со стороны нижнего воротника. После втачивания нижнего воротника в горловину, подгибают на 0,5—0,7 см внутрь срез верхнего воротника и настра-

132

чивают его на расстоянии 0,1 см от подогнутого края. Шов втачивания нижнего воротника при этом должен закрываться.

Если воротник из толстой ткани, то срез горловины верхнего воротника обметывают и припуск с его стороны настрачивают по горловине изделия без подгиба среза внутрь. Строчку располагают на расстоянии 0,4—0,5 см от обметанного края.

На изнанку изделия накладывают нижний воротник. Его середину и середину спинки совмещают. Концы воротника должны при этом совпадать с серединой переда. Совмещая срезы, нижний воротник вметывают со стороны изделия. Затем по нижнему воротнику втачают швом, шириной 0,7 см. Срезы шва заметывают и приутюживают. Срез верхнего воротника подгибают и наметывают по горловине так, чтобы шов втачивания нижнего воротника не был виден. Настрачивают шов на расстоянии 0,1 см от края сгиба.

При желании машинную строчку, которой настрачивают верхний воротник, можно заменить потайными стежками (рис. 108).

СОЕДИНЕНИЕ ВОРОТНИКА С ГОРЛОВИНОЙ С ПОМОЩЬЮ ОБТАЧКИ (РИС. 109)

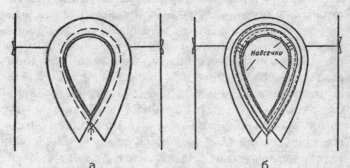

а   б

Рис. 109. Соединение воротника с горловиной с помощью подкройной обтачки:
а — вметывание воротника; б — втачивание воротника

Обработанный воротник кладут на лицевую сторону изделия. Середину воротника и середину спинки совмещают. Концы воротника должны совпадать с серединой переда. Воротник вметывают в горловину. Обработанную предварительно обтачку кладут на воротник лицом к лицу, совмещая при этом середины, плечевые швы и срезы. Обтачку приметывают. Воротник по обтачке втачают на расстоянии 0,7 см от краев срезов. Наметку удаляют и надсекают срезы. Обтачку отгибают на изнанку изделия, выметывают шов втачивания воротника и приутюживают. Обтачку прикрепляют потайными стежками.

СОЕДИНЕНИЕ ВОРОТНИКА С ГОРЛОВИНОЙ В ИЗДЕЛИЯХ С ПОДБОРТАМИ (РИС. 110)

Обработанный нижний воротник накладывают на изделие лицом к лицу. Вметывают вместе верхний и нижний воротники. Причем начинать вметывание необходимо с правой полочки. В горловину спинки вметывают только нижний воротник. Подборт кладут лицевой стороной на лицевую сторону воротника и изделия. Подборт приметывают, совмещая при этом срезы горловины. Борта и участки горловины полочек до спинки нужно обтачать, втачивая вместе с этим и воротник. Втачают нижний воротник в горловину спинки швом шириной 0,7—1 см. Наметку удаляют, срезы воротника и горловины надсекают, не доходя 0,15 см до строчки. Срезы по горловине спинки подгибают внутрь воротника. Срез воротника, который ранее подгибали на 0,7 см, заметывают около шва втачивания. Сгиб подшивают к шву мелкими стежками либо настрачивают на расстоянии 0,1 см от подгиба. Вслед за этим потайными стежками прикрепляют к плечевым швам верхние срезы подбортов. Срезы, расположенные внутри, прикрепляют к полочкам на расстоянии 6—

8 см вниз от плечевых швов. Шов втачивания воротника приутюживают.

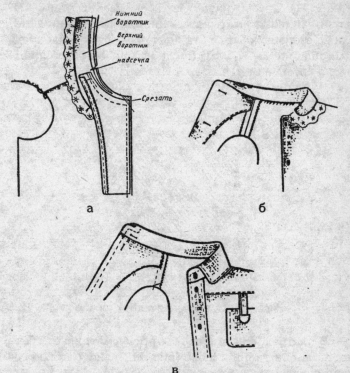

Рис. 110. Соединение воротника с горловиной в изделиях с подбортами:

а — вметывание и втачивание воротника и обтачивание борта; б — подшивание воротника потайными стежками; в — настрачивание верхнего воротника и прокладывание отделочной строчки

СОЕДИНЕНИЕ ЛИФА С ЮБКОЙ

Лиф с юбкой сметывают и прострачивают на машине, используя для этого стачные или настрочные швы.

Соединяя стачным швом, лиф изделия вкладывают в юбку лицевыми сторонами друг к другу (рис. 111). Срезы уравнивают, боковые швы совмещают и начинают сметывать. Причем, сметывают детали со стороны юбки, а стачивают — со стороны лифа. Ширина шва — 1,5 см. После чего шов приутюживают, а срезы обметывают.

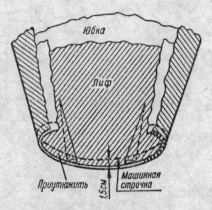

Рис. 111. Соединение лифа с юбкой

В платьях, фасон которых предусматривает сборки на линии талии и юбке (рис. 112), лиф с юбкой соединяют следующим образом.

Заготавливают сборки. Затем на изнаночную сторону лифа приметывают по линии талии тесьму (лучше хлопчатобумажную) или кромку ткани. Прикладывают ее срезом к срезу припуска лифа. Далее происходит соединение лифа с юбкой таким точно образом, как описано выше.

Для того, чтобы лиф с юбкой соединить настрочным швом, первым делом подгибают на изнаночную сторону припуск на шов по лифу. Заметывают его и приутюживают. После этого подогнутый край накладывают на лицевую сторону юбки так, чтобы сгиб лифа поравнялся с ранее намеченной на юбке линией. Сложенные детали наметывают по этой линии и настрачивают.

Рис. 112. Соединение лифа и юбки со сборками

В том случае, если на юбке изделия предусмотрены сборки или складки, порядок соединения такой: подгибают на изнаночную сторону припуск на шов лифа, заметывают его и приутюживают (рис. 113 а). Затем по лицу лифа прокладывают машинную строчку. Расстояние ее от сгиба — ширина настрочки по фасону (рис. 113 б). После этого лиф накладывают на лицевую сторону юбки и по строчке, проложеной машиной, наметывают его (рис. 113 в). Чтобы делать это было удобно, внутрь изделия можно вложить плотную бумагу.

После сметывания изделие выворачивают на изнанку, лиф по строчке, проложенной машиной, отгибают внутрь юбки. Стачивают детали со стороны лифа, следя при этом, чтобы шов проходил по предварительно проложенной машинной строчке (рис. 114). Шов приутюживают, срезы обметывают.

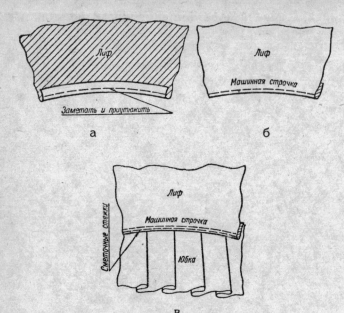

Рис. 113. Порядок соединения лифа с юбкой

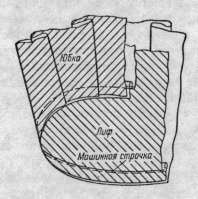

Рис. 114. Стачивание лифа с юбкой в складку

ОБРАБОТКА РУКАВОВ

Первым делом обрабатывают шов рукава. Если рукав одношовный, его складывают лицевой стороной внутрь, сметывают и стачивают швом, ширина которого 1,3—1,5 см. Причем сметывать рукав следует со стороны верхней его части, а стачивать — с нижней стороны (рис. 115). Полученный шов в зависимости от качества ткани заутюживают (тонкие ткани) либо разутюживают (толстые ткани), как показано на рис. 116. Срезы обметывают.

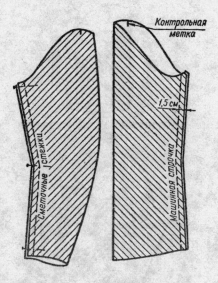

Рис. 115. Обработка шва рукава

Если рукав двухшовный, то его части соединяют сначала по локтевым срезам. Для этого их складывают лицевыми сторонами внутрь. Следят, чтобы совпадали контрольные метки. Локтевые срезы сметывают, а затем стачивают. Припуски на шов заутюживают или разутюживают, их срезы обметывают. Чтобы рука могла свободно сгибаться, верхнюю половину рукава на уровне локтя немного припосаживают (рис. 117).

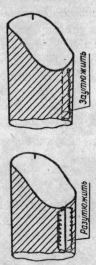

Рис. 116. Заутюживание и разутюживание шва рукава

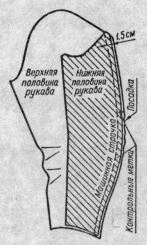

Рис. 117. Обработка двухшовного рукава

Обработав шов, делают сборки по окату рукава, если это предусмотрено моделью.

Существует несколько способов обработки низа рукава: обработка швом вподгибку, окантовочным швом, обтачным швом с обтачкой, обметочной строчкой, с притачной манжетой, с отложной манжетой, с эластичной тесьмой. Рассмотрим некоторые из этих способов.

ОБРАБОТКА НИЗА РУКАВА ШВОМ ВПОДГИБКУ

Данный шов применяют при обработке прямых и расширенных рукавов. Низ рукава перегибают на изнанку по линии подгиба низа, подгибают внутрь на 0,7—1 см, приметывают и застрачивают на расстоянии 0,1—0,2 см от подогнутого края. По желанию можно подшить вручную. В изделиях из толстых шерстяных и трикотажных тканей срез низа рукава обметывают и подшивают, не подгибая.

ОБРАБОТКА НИЗА РУКАВА ПРИТАЧНЫМИ МАНЖЕТАМИ (РИС. 118)

Манжеты бывают различных видов: с застежкой и без застежки, с прокладкой и без прокладки, целые и состоящие из двух деталей. Прежде чем приступить к соединению манжеты с рукавом, обрабатывают срез низа рукава. Если по модели предусмотрены сборки — выполняют их. Если по модели манжета с застежкой — обрабатывают участок нижнего среза рукава, где манжеты не будет. Для этого применяют шов вподгибку.

Независимо от вида манжет, все они могут соединяться с рукавами несколькими способами.

1. Манжету внутренней стороной складывают с изнаночной стороной рукава и вместе с прокладкой приметывают и притачивают со стороны рукава швом

шириной 0,7 см. Шов отгибают в сторону манжеты и прокладку по возможности вырезают. Срез наружной части манжеты подгибают внутрь на 0,6 см, настрачивают его на расстоянии 0,1 см от подогнутого края так, чтобы шов притачивания внутренней части манжеты закрывался. После чего отстрачивают боковые и нижние края манжеты швом, ширина которого 0,5— 0,7 см (рис. 118 а).

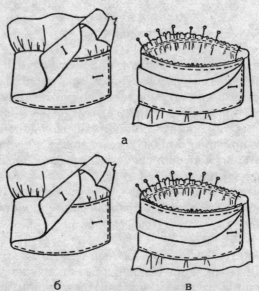

Рис. 118. Соединение манжеты с рукавом:
а — первый способ, б — второй способ, в — третий способ

2. Предварительно обработанную манжету с прокладкой прикладывают лицевой стороной к лицевой стороне рукава срез к срезу. Приметывают ее и пристрачивают к низу рукава. Машинный шов должен проходить за строчкой, образующей сборки, на 0,1 см. После притачивания срезы манжеты и рукава обметывают и заутюживают в сторону рукава (рис. 118 б).

3. Предварительно обработанную манжету прикладывают к низу рукава лицом к лицу срез к срезу. Наружную часть манжеты и прокладку приметывают и притачивают швом, ширина которого 0,7 см. Срез внутренней части манжеты подгибают, а затем приметывают и пришивают к шву, которым притачали наружную часть манжеты. Последний шов выполняют вручную (рис. 118 в).

ОБРАБОТКА НИЗА РУКАВА
БЕЗ МАНЖЕТ

Обрабатывая таким образом низ рукава, используют обтачку. Накладывают ее на лицевую сторону рукава и обтачивают низ швом шириной 0,7 см. После чего отгибают шов в сторону обтачки и с лицевой стороны обтачки на расстоянии, равном 0,2 см от края, настрачивают.

Рукав складывают лицевой стороной внутрь. Его срез и срез обтачки уравнивают, сметывают и стачивают. Вместе с этим стачивают и концы обтачки. Шов разутюживают. Внутренние края обтачки перегибают на изнанку на 0,7 см и застрачивают. Ширина шва — 0,1 см. Обтачку отгибают на изнаночную сторону, шов расправляют и получают кант из рукава в сторону обтачки, ширина которого 0,2 см. После чего внутренние края обтачки потайными стежками подшивают к рукаву.

СОЕДИНЕНИЕ РУКАВА С ПРОЙМОЙ

Прежде чем вметать рукав в пройму, необходимо распределить посадку или сборку по окату. Лиф изделия выворачивают на изнанку, в правую пройму вкладывают рукав лицевой стороной к лицу изделия, совмещая контрольные точки. Для правильного соединения рукава с лифом принято намечать две контрольные точки. Одну точку ставят на окате. Она определяет место соединения рукава с плечевым швом. Другую — на пройме. Роль этой точки — показывать место соединения ее с передним швом рукава (рис. 119).

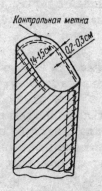

Рис. 119. Соединение рукава с проймой

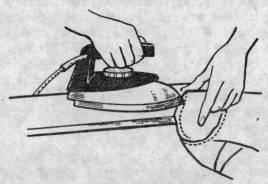

Рис. 120. Сутюживание посадки
по окату рукава

Вметывают рукав мелкими стежками, при этом следят за распределением посадки. Больше всего посаживают рукав на косых участках оката. А вот в нижней части проймы его обычно вметывают без посад-

144

ки. После вметывания обязательно проверяют качество данной операции: отсутствие складок и заломов по окату и параллельна ли линия переднего переката середине переда.

Выпуклости верхней части оката добиваются, сутюживая через влажный проутюжильник на специальной гладильной доске излишки ткани (рис. 120). Это проделывают до вметывания рукава в пройму. Сутюживая посадку, важно следить, чтобы утюг при этом не заходил дальше 2 см от срезов.

Втачивать начинают со стороны рукава (от соединительного шва). Для закрепления строчки на расстоянии 3—4 см от первой прокладывают вторую строчку. Срезы рукава и проймы обметывают, проутюживают так, чтобы верхняя часть шва была направлена внутрь рукава, а нижняя оставалась срезами вверх.

Рукава рубашечного покроя соединяются с проймой до стачивания боковых и рукавных швов: рукав втачивается в открытую пройму.

ОБРАБОТКА НИЗА ИЗДЕЛИЯ

Способ обработки низа изделия зависит в основном от вида ткани. Необходимо помнить, что низ должен быть подшит прочно, но незаметно.

Перед обработкой низ изделия выравнивают на фигуре. Подгибку измеряют от пола до края длинной линейкой или прямой палкой, на которой от пола отмечают нужную длину изделия. Передвигая линейку вдоль низа, через каждые 5—10 см мелом отмечают на юбке нужную длину (рис. 121). После чего изделие снимают и выметывают подгибку, следя за тем, чтобы линия получалась ровной.

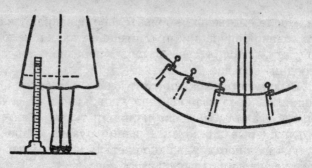

Рис. 121. Определение величины подгиба платья или юбки

ОБРАБОТКА НИЗА ШВОМ ВПОДГИБКУ С ОТКРЫТЫМ СРЕЗОМ

Данный способ чаще всего применяют для обработки низа изделий женской легкой одежды. Срез низа изделия обметывают вручную или на машине, а затем подшивают потайным подгибочным швом. В некоторых случаях (неширокий подгиб) прокладывают машинный шов (рис. 122 а).

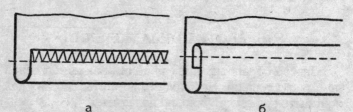

а   б

Рис. 122. Обработка низа изделий:
а — обработка низа швом вподгибку с открытым срезом;
б — обработка низа швом вподгибку с закрытым срезом

ОБРАБОТКА НИЗА ШВОМ ВПОДГИБКУ С ЗАКРЫТЫМ СРЕЗОМ

Данный способ обработки низа изделия отличается от предыдущего тем, что срез низа подгибают не один, а два раза. Его удобно использовать, обрабатывая низ изделий из тонких сыпучих тканей. Подгиб приметывают, приутюживают и подшивают потайным швом. Иногда прострачивают машинной строчкой (рис. 122 б).

ОБРАБОТКА НИЗА ШВОМ ВПОДГИБКУ С ТЕСЬМОЙ

Шов используют при работе с шерстяными и другими плотными материалами. Чтобы ткань села и низ не провисал, край изделия проглаживают горячим утюгом через увлажненный проутюжильник. На необработанный срез наметывают, а затем настрачивают специальную тесьму. Срез подгибают и подшивают потайной строчкой (рис. 123).

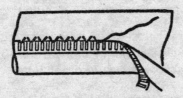

Рис. 123. Обработка низа юбки швом вподгибку с тесьмой

ОБРАБОТКА НИЗА ОКАНТОВЫВАНИЕМ

Для окантовки берут полоску ткани, выкроенную под углом 45 градусов. Край тесьмы или окантовки настрачивают на срез припуска на обработку низа таким образом, что другой край выходит за срез на 3 мм. К изделию тесьму или окантовку прикрепляют потайными стежками (рис. 124).

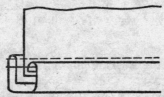

Рис. 124. Обработка низа изделий окантовыванием

147

ОБРАБОТКА НИЗА ИЗДЕЛИЯ ДВОЙНОЙ МАШИННОЙ СТРОЧКОЙ

Данный способ отделки используют при изготовлении прямых, а также длинных и широких юбок (рис. 125).

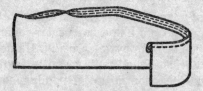

Рис. 125. Обработка низа юбки двойной машинной строчкой

ОБРАБОТКА НИЗА ИЗДЕЛИЯ ДЕКОРАТИВНЫМИ СТРОЧКАМИ

Прокладывают одну строчку или несколько рядов строчек с увеличенной длиной стежков швом вподгибку с закрытым или предварительно обметанным открытым срезом (рис. 126).

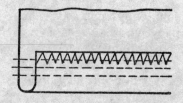

Рис. 126. Обработка низа изделия несколькими рядами строчек

ОБРАБОТКА НИЗА ИЗДЕЛИЯ ПРИТАЧНЫМ ПОЯСОМ

Данным способом обычно обрабатывают блузки, блузоны и платья. Концы пояса обтачивают, а низ изделия, если того требует модель, собирают на сборки или закладывают в складки. Пояс притачивают и шов притачивания перекрывают на 1 мм подогнутым краем верхней части пояса. Затем шов наметывают и настрачивают.

ОБРАБОТКА НИЗА ПОДШИВКОЙ ЧЕРЕЗ КРАЙ С ЗАКРУЧИВАНИЕМ МАТЕРИАЛА (РИС. 127)

Подшивку используют при обработке низа изделий из тонкого прозрачного материала и при изготовлении нижнего белья. Выполняют ее вручную. Одной рукой (левой) закручивают примерно по 2,5 см ткани, а другой (правой) выполняют стежки через край.

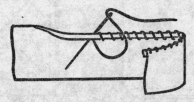

Рис. 127. Обработка края руликом

ОБРАБОТКА КАРМАНОВ

Карманы бывают нескольких видов: карманы накладные, карманы в швах, прорезные карманы, прорезные карманы с листочками, прорезные карманы с клапанами. Рассмотрим некоторые из них.

НАКЛАДНЫЕ КАРМАНЫ

Накладные карманы бывают различной формы, с подкладкой и без нее, нашивают их на лицевую сторону изделия. Если карман предусмотрен с подклад-

149

кой, то последнюю выкраивают по форме кармана. Карман и подкладку складывают лицом к лицу, сметывают и прострачивают на машине. Шов не должен доходить до конца примерно на 5 см, чтобы карман и подкладку можно было вывернуть на лицевую сторону (рис. 128 а). В каждом углу кармана делают надрез и выворачивают его на лицевую сторону (рис. 128 б). Края кармана выметывают (рис. 128 в), и зашивают потайными стежками незашитое отверстие. Карман приутюживают.

Подготовленный таким образом карман приметывают на отмеченное мелом место и настрачивают (рис. 128 г).

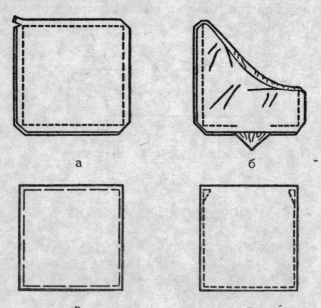

а   б

в   г

Рис. 128. Последовательность обработки (а—г) накладного кармана прямоугольной формы

Карманы такого типа чаще всего встречаются в детской одежде, а также в фартуках и женских халатах В качестве отделки можно брать кружево, шитье, бейку, волан и т д. В нашем случае отделка — волан.

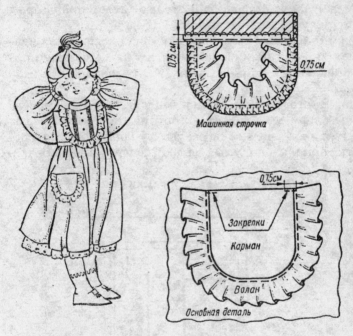

Рис. 129. Обработка накладного кармана
с отделкой по шву притачивания

Волан накладывают на карман лицом к лицу, при чем поперечные срезы его должны совмещаться с линией входа. Волан приметывают по овальному краю кармана. Верхний срез кармана обметывают, отворачивают на изнаночную сторону примерно на 1 см и застрачивают. Припуск кармана, равный 3 см, перегибают на лицевую сторону и по боковым срезам приметывают к карману. Отделку (волан) притачивают по всему овальному краю кармана, захватывая при этом боковые края припуска (рис. 129, вверху).

После того, как волан притачан, выворачивают припуск на обработку верха кармана. Припуск перегибают на изнанку кармана, углы выправляют. На изнаночную сторону перегибают также припуски на ширину шва притачивания волана вместе с припусками по овальному краю кармана, их приутюживают. Волан таким образом перегибается по шву притачивания и принимает нужное положение. Карман готов.

В готовом виде карман накладывают по намеченным линиям на лицевую сторону детали, наметывают его и настрачивают по овальному краю. Для прочности кармана в его углах делают поперечные закрепки.

ПРОРЕЗНОЙ КАРМАН В РАМКУ (РИС. 130)

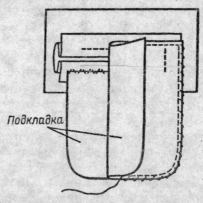

Рис. 130. Обработка прорезного кармана в рамку

Так называют карман, разрез которого закрывается двумя кантами похожими на рамку. Последовательность выполнения данного кармана следующая.

По линии прорези кармана для прочности с изнанки прикрепляют полоску льняной или хлопчатобумажной ткани. Выкраивают ее по направлению нитей основы. Ширина полоски должна быть больше длины разреза кармана на 3—5 см. Стежками намечают расположение кармана на детали и на полоске ткани.

Выкраивают по косой нити полоску ткани, ширина которой 10 см, а длина на 7,5 см длиннее прорези кармана. Это будет обтачка кармана.

Обтачку складывают вдоль пополам, ее сгиб совмещают с линией прорези кармана и приметывают или прикалывают булавками. Затем на изнанке приметывают с обеих сторон от стежков, которые указывают на расположение линии прорези кармана. По прямоугольному контуру настрачивают полоску.

По размеченной линии прорези карман разрезают, не доходя при этом до поперечных линий примерно на 5—7 мм. В каждом углу делают надрезы. Полоску пропускают через прорезь, а по каждому краю кармана накалывают булавку.

На изнанке обтачку складывают таким образом, что получается обратная складка с каждой из сторон кармана. Складки фиксируют булавками. На лицевой стороне карман прострачивают по прямоугольному контуру вдоль обтачки. Прорезь кармана через край сметывают, карман приутюживают.

С изнаночной стороны к нижней обтачке пришивают подкладку кармана. По ширине подкладка должна превышать прорезь кармана на 7,6 см, а по длина (глубина) кармана — по усмотрению. Не следует забывать о припусках: к желаемой глубине на припуски добавляют примерно 2,5 см.

Вторая часть подкладки по ширине должна быть такой, как и первая, а по длине — на 7,6 см длиннее. Эту сторону пристрачивают к верхней обтачке.

Обе части подкладки стачивают, припуски обметывают.

С лицевой стороны по краям прорези кармана делают по несколько сквозных стежков, карман приутюживают.

ПРОРЕЗНОЙ КАРМАН С НАКЛАДНОЙ ЛИСТОЧКОЙ
(РИС. 131)

Чаще всего листочку выкраивают цельной. Ее обработка в таких случаях несложная: листочку склады-

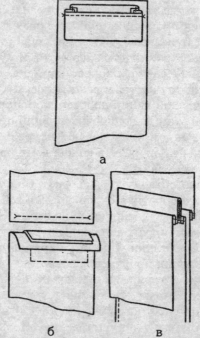

Рис. 131. Обработка прорезного кармана
с накладной листочкой:
а — соединение листочки с мешковиной; б — притачивание
листочки и мешковины; в — закрепление концов разреза
кармана и стачивание мешковины

вают пополам вдоль лицевой стороной внутрь и стачивают боковые срезы. Листочку выворачивают и отмечают прокладочными стежками ее ширину — линию притачивания к основной детали.

Уточняют на детали место кармана, отмечают его. Продольная линия — линия притачивания листочки.

Если ткань легко поддается растяжке, то на изнаночной стороне основной детали приметывают долевик. Долевик не должен выходить за линию притачивания листочки больше чем на 1 см.

Листочку приметывают к меньшей детали мешковины на ее лицевую сторону наружной стороной вверх обработанным краем вниз срез к срезу (рис. 131 а). Обметывают срезы мешковины (рис. 131 б). Концы листочки либо подшивают потайным швом вручную, либо притачивают на машине.

КАРМАН В ШВЕ ДЕТАЛИ БЕЗ ЛИСТОЧКИ (РИС. 132)

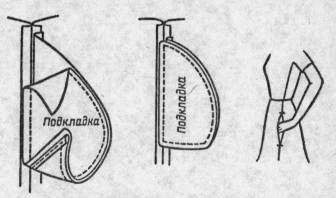

Рис. 132. Обработка кармана в шве

Шов юбки сметывают, а затем над карманом и под карманом прострачивают. Наметку удаляют. Шов тщательно разутюживают. Выкраивают подкладку кармана, состоящую из двух частей. Обе части накладывают на припуски шва, на каждую сторону — по одной. Примстывают и сверху вниз пристрачивают. Части подкладки кармана стачивают и получают мешочек. Обработку кармана заканчивают на лицевой стороне изделия: чтобы карман был крепким, прокладывают поперечные стежки, обвитые петельными.

СОДЕРЖАНИЕ

ОБРАБОТКА И СОЕДИНЕНИЕ ОСНОВНЫХ ДЕТАЛЕЙ ИЗДЕЛИЯ

Издание для досуга

КРОЙКА И ШИТЬЕ

Ответственный за выпуск *Ю. Г. Хацкевич*

Подписано в печать с готовых диапозитивов 28.06.01.
Формат 84×108^1/$_{32}$. Печать высокая с ФПФ. Бумага
типографская. Усл. печ. л. 8,4. Тираж 25 000 экз.
Заказ 1199.

ООО «Издательство АСТ».
Лицензия ИД № 02694 от 30.08.2000 г.

ООО «Харвест». Лицензия ЛВ № 32 от 10.01.2001.
220040, Минск, ул. М. Богдановича, 155-1204.

Налоговая льгота — Общегосударственный
классификатор Республики Беларусь
ОКРБ 007-98, ч. 1; 22.11.20.600.

Республиканское унитарное предприятие
«Полиграфический комбинат имени Я. Коласа».
220600, Минск, ул. Красная, 23.